Vorarlberger Impressionen

Titelseite:
Spätnachmittagslicht auf der Pfarrkirche von Damüls. Walser siedelten zu Beginn des 14. Jahrhunderts in diesem Gebiet, sie errichteten auch ein Gotteshaus, das 1484 in spätgotischem Stil neu aufgebaut worden ist. Das Kirchlein mit der markanten Zwiebelhaube birgt eine Reihe interessanter Fresken.

Late afternoon's light shining on the parish church of Damüls. At the beginning of the 14th century, the Valais settled in this region. They also built a church which, in 1484, was rebuilt in late Gothic style. The little church with its prominent imperial roof holds some interesting frescos.

Dieses Buch wurde mit aller Sorgfalt geschrieben und bebildert. Dennoch müssen alle Angaben ohne Gewähr erfolgen. Weder dem Autor noch dem Verlag ist es deshalb möglich, für Nachteile oder Schäden, die aus den gemachten praktischen Hinweisen resultieren, eine Haftung zu übernehmen.

ISBN 978-3-85491-727-4
Verlagsnummer 1403
© KOMPASS-Karten GmbH
    6063 Rum/Innsbruck, Österreich · Fax 00 43 (0) 512/26 55 61-8
    kompass@kompass.at · www.kompass.at
5. Auflage 2008
Alle Rechte vorbehalten. Nachdruck, auch auszugsweise sowie Verbreitung durch Film, Funk und Fernsehen, durch fotomechanische Wiedergabe, Tonträger und DV-Verarbeitungssysteme jeder Art nur mit schriftlicher Genehmigung des Verlages.

Produktion und Design: Verlagsbüro Fritz Petermüller, Siegsdorf
Lektorat: Willi Schwenkner
Satz: Agentur für Satz & Typographie, Grassau
Reproduktionen: ColorLine, Verona
Druck: Litografica Ed. Saturnia s.n.c., Trento

Vorarlberger
Impressionen

Alfons J. Kopf · Peter Mathis

Summary by Monika Bartlweber

Seite 4/5:
Vorarlberg im Frühjahr. Ein Land blüht auf, legt ein Gewand an aus frischem Grün und ist übersät von Blüten. Die schattige Mulde birgt noch die letzten Boten des scheidenden Winters. Der Vorarlberger pflegt seine Obstbäume nicht nur wegen der Pracht, die sie im Frühling bieten. „Guter Most ist halbe Kost" heißt es nicht umsonst im Volksmund.

Seite 6/7:
In sattem Grün liegen die Matten, an den Hang geduckt die steinalten Höfe an der Straße zwischen Au und Damüls. Eine Tourismusidylle, die nur Bestand hat, weil Bergbauern Jahr um Jahr sich um die Erhaltung mühen.

Seite 8/9:
Schwer liegt der Herbstnebel über dem Rheintal. Jetzt sind Dörfer mit Hanglage wie Fraxern von der Sonne verwöhnt. Und locken Scharen von Wanderern an, die sich berauschen lassen von dem, was sich zu ihren Füßen ausbreitet.

Seite 10/11:
Einen letzten Gruß sendet die Wintersonne noch über den Widderstein im Bregenzerwald, gesehen vom Gehrenfalben aus. Sie bringt uns die starren Felsriesen wie zum Greifen nahe. Das ist die Tageszeit, in der man plötzlich das Gefühl hat: All diese Weite der Bergwelt ist mir allein zugedacht.

Page 4/5:
Vorarlberg in spring. A province full of blossoms, with a dress of fresh green and covered with flowers. The shadowy hollow still holds the parting winter's last traces. The people from Vorarlberg, however, do not only tend their fruit trees for the splendour they display in spring – a proverb says: " Good fruit wine is half a meal."

Page 6/7:
The meadows are a rich green colour, on the slopes at the road between Au and Damüls you can see old farmhouses. A tourist idyll which only exists because of maintainance work carried out by the mountain farmers.

Page 8/9:
Heavy autumn mist is hanging in the Rhine Valley. Now villages lying on a slope, for example Fraxern, bask in the sun, attracting hundreds of hikers to the beauty below.

Page 10/11:
The winter sun sends its a last greeting across the Widderstein in the Bregenzerwald, seen from the Gehrenfalben. It makes the rigid and gigantic rocks appear close enough to touch. That is the time of the day when you suddenly feel: All the mountains' vastness is for me alone.

Eine Vorarlberger Entdeckungsreise

Schwer hängt die Wolkenwand über dem Tal der Argen, der Blick kann nicht zum Damülser Kirchdorf schweifen, das unserer Ferienunterkunft direkt gegenüber liegt. Trostlos, so ein Regentag – was sind das bloß für Ferien! Und dann müssen wir doch auf den Weg, im Rucksack den Zettel mit den Angaben für den Einkauf drüben im Dorf. Den Pullover übergezogen, in Regenmantel und Stiefel geschlüpft – muß das heute wirklich sein? Es schüttet in Strömen, überall Pfützen, kleine Wildbäche queren die Straße. Selber schuld, was machen wir auch gerade in einem derart abgelegenen Winkel Vorarlbergs Urlaub?

Wir sind im Dorf und es gießt nicht mehr wie aus Kübeln, es nieselt bloß noch. Und der Rucksack ist bald gefüllt im Laden. Jetzt noch rasch zum Pfarrhof, wo der Pfarrer einen schier unendlichen Vorrat an Büchern auf Lager hat. Als wir uns ausreichend eingedeckt haben mit Lesestoff, da ist der Regenmantel überflüssig geworden. Herunter mit der hochgestülpten Kapuze! Noch versteckt sich die Mittagspitze hinter einem Wolkengebräu, weiß nicht genau, ob sie uns nicht noch einen feuchten Gruß senden soll. Aber die Uga liegt frei, und über das Furkajoch blitzt ein Sonnenstrahl geradewegs auf die Haube des alten Damülser Kirchleins. Die Bücher werden warten müssen, es wird doch noch ein sonniger Ferientag. Er läßt die Pracht der Bergwelt um Damüls so richtig auf uns einwirken.

Damüls. Das ist schon Vorarlberger Siedlungsgeschichte pur. Hier sind wir im Zentrum des kleinen Landes, im Bregenzerwald, das Dorf aber ist eine alte Walsersiedlung. Doch langsam, der Reihe nach. Was ist denn das Besondere an Vorarlberg, was gilt es denn aufzuzählen, zu berichten vom westlichsten Teil der Alpenrepublik? Nun, die höchsten Berge finden sich in Vorarlberg ebensowenig wie das größte Meer. Unsere Wasserfälle haben nicht Eingang gefunden in das Buch der Rekorde, es gibt keinen ewigen Sonnenschein, keine Weltstadt und keine marktschreierischen Sensationen. Allerdings: Wir haben ein Meer, und wenn es auch nur das Schwäbische ist. Es rauschen die Wasserfälle und es ragen die Felsriesen. Zudem weitet sich das Land im Rheintal, läßt den Blick schweifen. Was tut's, wenn er im Ausland erst hängen bleibt, in der Schweiz oder im Bayerischen? Auge und Gedanke kennen keine Grenze, und auch im Bangser Ried bei Feldkirch mahnt nur eine altertümliche Tafel, daß hier das „Kaiserthum Österreich" ende und das Fürstentum Liechtenstein beginne. Überhaupt, die Ausländer. Zu denen hatten die Vorarlberger durch die Jahrhunderte meist näheren Kontakt als zu den andern Österreichern. Immerhin blockierte der Arlberg wirkungsvoll Annäherungsversuche aus Richtung Tirol.

Wegen der florierenden Wirtschaft werden sie wohl kaum zu uns kommen, die gut 1,7 Millionen Urlauber, die hier 8,8 Millionen Nächtigungen gebucht haben (Saison 1991/92). Eine landschaftliche Vielfalt, wie sie selten auf so kleinem Raum zu finden sein wird, zeichnet das Land vor dem Arlberg aus. Seinen Bewohnern – inzwischen über 350.000 – werden Fleiß und Sparsamkeit nachgesagt. Diese Kombination ist einem blühenden Tourismus förderlich. Nicht internationale Hotelketten bestimmen dabei das Bild, sondern überschaubare Familienbetriebe. Gerade noch rechtzeitig konnte verhindert werden, daß zu viele Ferienhaussiedlungen beliebte Erholungsgebiete zupflastern.

Der Wohlstand war den Vorarlbergern nicht in die Wiege gelegt. Es gab in früheren Jahrhunderten Zeiten bitterer Not. Elend läßt nach Sündenböcken su-

chen, sodaß im 16. und 17. Jahrhundert die Plage der Hexenverfolgungen auch hierzulande wütete. Handwerker zogen weit ins umgebende Ausland zum Broterwerb. Und wenn daheim das Brot knapp wurde in den Großfamilien, mußten selbst die Kinder für etliche Monate in die Fremde ziehen. Sie verdienten sich ihr Dasein als billige Knechte bei schwäbischen Bauern. „Wenn du nicht zufrieden bist, schickt man dich ins Schwabenland zum Schweine hüten!" So hieß es noch in meiner Jugendzeit, wenn andere Ermahnungen nichts fruchten wollten. Dieser Zwang zum Zug in die Fremde machte aber auch hervorragende Beispiele Vorarlberger Handwerkskunst offenkundig. So errichteten die Wälder Barockbaumeister und ihre Gesellen Bauten wie das Kloster Einsiedeln oder die berühmte Wallfahrtskirche zu Birnau am Bodensee. Und Freunde der Gaumenfreuden wußten die Fähigkeiten der Krauthobler aus dem Montafon wohl zu schätzen, die mit kleinem Gepäck und scharf geschliffenem Hobelmesser durch die Lande zogen.

Zu den Eiszeiten war noch wenig Leben im Land gewesen. Mächtige Eisströme brachen sich von den Alpengipfeln Bahn durch das Rheintal, hobelten und schliffen an den Felsen. Schließlich tauten die Gletscher ab und hinterließen einen See, der das gesamte heutige Rheintal auffüllte. Dann gab es erste urzeitliche Siedlungen an den Talrändern, Funde zeugen davon. Der Kummenberg mitten im Tal, ein mächtiger Felsblock, hatte der Eiswucht widerstanden und bot an seinen schrägen Flanken steinzeitlichen Siedlern Schutz. Bronzezeit, Eisenzeit – schließlich siedelten Menschen im Land, die wir heute Räter nennen. Sie errichteten Fluchtburgen und Sperren. Gegen die übermächtigen römischen Heerscharen aber hatten die damaligen Landesbewohner nichts auszurichten. In blutigen Kämpfen wurden Bergfesten und Klausen erobert, schließlich war selbst der Bodensee Schauplatz einer erbitterten Schlacht. Fünfzehn Jahre vor unserer Zeitrechnung wurde Vorarlberg schließlich Bestandteil des römischen Reiches. Die Römer hielten sich 470 Jahre lang am Bodensee, richteten sich wohnlich ein und hinterließen zur Freude der Archäologen manches, das auszugraben sich lohnte. Zeugnis von der römischen Zeit geben Ausgrabungen in Bregenz (Brigantium) und anderen Landesteilen. Schließlich rückten die Alemannen vor und beanspruchten zuerst das Rheintal für sich. Lange Zeit war das Land sprachlich geteilt. Die Bergregionen blieben rätoromanisch besiedelt, alte Flurnamen zeugen nach wie vor davon. Die Vorarlberger hören es gern, werden sie als Alemannen bezeichnet. Reinrassige Angehörige dieses Volksstammes sind wohl nur noch wenige angesiedelt zwischen Gletscherwelt und Bodensee. Die Spracheigenheiten aber haben sich erhalten, als wesentliches Unterscheidungsmerkmal zu allen andern Österreichern. Wer als Vorarlberger in Wien unterwegs ist, wird darob oft zum Schweizer erklärt.

Man hielt es in Vorarlberg auch später mit den Zuwanderern, allerdings nicht mit so kriegerischen. Die ab dem 18. Jahrhundert aufblühende Textilindustrie, der Bau der Eisenbahn (Eröffnung 1872) oder die Rheinregulierung um die Jahrhundertwende brachten Bedarf an Arbeitskräften. Die rekrutierten sich aus Italienisch-Österreich. Neben Rhomberg, Dörler oder Grabher heißt der Vorarlberger deshalb auch Bonetti, Debortoli oder Carraro.

Als Mussolini die Südtiroler zu Italienern machen wollte, zogen sie in Scharen auch in das Land vor dem Arlberg. Südtirolersiedlungen prägen als Folge nach wie vor das Ortsbild etlicher Gemeinden. Schließlich fanden auch Landsleute aus Kärnten und der Steiermark ins Land, zuletzt Bürger des einstigen Jugoslawien und aus der Türkei.

Vergessen wir aber nicht auf die Walser, die in Damüls und Laterns daheim sind, im Großwalsertal, im Kleinwalsertal oder am Tannberg, besser bekannt unter den Namen Lech und Zürs. Sie zogen zu Beginn des 14. Jahrhunderts aus dem Schweizer Kanton Wallis ins Land. Ihre Umsiedlung war noch militärisch bedingt, sie sollten die Landesverteidigung verstärken. Insgesamt machten die Walser etwa ein Fünftel der Landesfläche urbar. Ganz daneben liegt also nicht, wer die Vorarlberger mit den Schweizern verwechselt. Wobei die Walser, trotz bewußter Betonung ihrer Herkunft, längst Urvorarlberger geworden sind. Bei vielen der erst kürzlich Zugezogenen ging diese Entwicklung noch rascher. Da werden dann, mit eindeutig „außervorarlbergischem" Dialekt, voller Überzeugung die Vorzüge hervorgestrichen, die ein echter „Vurarlbeger" halt einmal habe.

Unabhängig davon, ob ein Vorarlberger auch seine Urahnen im Land nachweisen kann oder ob er erst vor wenigen Jahrzehnten selbst zugezogen ist – was Sitte ist im Land, das steckt an. Dazu gehört natürlich auch, ein Eigenheim zu errichten, das Hüslebaua also. Eigentlich muß das heißen „gehörte". Denn inzwischen ist der frei verfügbare Baugrund knapp und deshalb teuer geworden. Man rückt zusammen, baut verdichtet und erhält das vom Land besonders gefördert. Auch Sparsamkeit wird den Vorarlbergern nachgesagt, ein Charakterzug, der nicht selten in Geiz umschlagen soll. Was zumindest einem Einheimischen stark übertrieben erscheint. Der ist höchstens „kluppig", besonders sparsam halt.

Samtweich fühlte sich das Beinkleid an, das seine apostolische Majestät weiland Kaiser Franz Joseph I. anno 1884 beim Besuch in Vorarlberg trug. Anna Hermann, „Kussos Anna", die, 1875 in Hard am Bodensee geboren, als Schulkind beim Empfang in Bregenz dabei war, nutzte die Chance, einmal des Kaisers noble Kleider zu berühren. Das ganze Land feierte in jenen Tagen und das Festgewand des Kaisers schien dem Anlaß angemessen. Immerhin war mit diesem Jahr das Land Vorarlberg erstmals völlig an Österreich angeschlossen. Mit der Eröffnung der Bahnlinie durch den Arlberg wurde die Sperre überwunden, die das Bergmassiv zur winterlichen Zeit zwischen Vorarlberg und dem großen Rest der Monarchie darstellte. Aber auch ohne Schneeverwehungen und Lawinengefahr war es mühsam genug gewesen, den Paß zu überqueren.

Trotz der Vorteile, die der Bau des Arlbergbahntunnels mit sich brachte, fehlte es damals nicht an kritischen Stimmen. Danach solle der Mensch nicht durch ein Loch verbinden, was Gott durch einen Berg getrennt habe. Ein wenig von dieser Mentalität hat sich im Ländle vor dem Arlberg erhalten. Auch wenn mancher Bezirk in der fernen Bundeshauptstadt Wien mehr Einwohner zählt als ganz Vorarlberg – an Selbstbewußtsein mangelt es den Einheimischen nicht. Das kann sowohl die gesunde Selbsteinschätzung des tüchtigen Menschen sein als auch das überhebliche „Bei uns ist alles besser."

Zu verstecken brauchen sich die Vorarlberger jedenfalls ganz sicher nicht, wenn auch bis heute kein einziger den Nachweis zu erbringen imstande war, daß es sein persönliches Verdienst sei, gerade auf diesem gesegneten Fleck der Erde auf die Welt gekommen zu sein. Daß sich die Bewohner eines Dorfes oder einer bestimmten Talschaft dann noch als die ein wenig besseren Vorarlberger fühlen wie die direkten Nachbarn, rundet das Bild ab. Das soll aber, hört man ab und zu, keine ausschließlich auf Vorarlberg begrenzte Eigenheit sein.

Sie loben sich übrigens keineswegs nur selbst, die Bewohner des Landes an Bodensee und Rhein. Wirtschaftliche Stärke und Beweglichkeit, soziales Gespür mit dem Mut zu neuen Lösungen oder auch kulturelle Anstöße ernten immer wieder Lob von Außenstehenden. In manchen Bereichen hat das Land eine Vorreiterrolle übernommen, deren Ergebnisse später von anderen Bundesländern oder auch dem Bundesstaat Österreich übernommen wurden. Diese Selbständigkeit hat Geschichte, sie ist wohl auch durch die besondere Lage des Landes geprägt. Hier wollte und konnte man nicht immer auf Entscheidungen aus der einst fernen Hauptstadt Wien warten. Was für eine Millionenstadt gerechtfertigt sein mag, das muß für ein Ländle noch lange nicht gelten, in dem viele der insgesamt 96 Gemeinden nur wenige hundert Einwohner zählen. Diese kleinen Ortschaften prägen die Landschaft besonders in den Berggebieten. Sie machen auch wesentlich den Reiz Vorarlbergs als Tourismusland aus. Fremdenverkehr wird hierzulande seit immerhin 100 Jahren landesweit organisiert betrieben.

Lange vor der Gründung des „Landesverbandes für Fremdenverkehr" im Jahr 1893 hatte die landschaftliche Schönheit Lob gefunden. Der hl. Kolumban, einer der christlichen Missionare des Landes, bezeichnete bereits um 610 Bregenz als „Goldene Schale". Da ihn die damals heidnischen Alemannen allerdings nicht hatten anhören wollen, vergaß er jedoch nicht, darauf zu verweisen, daß diese Schale mit „Natterngezücht" angefüllt sei. Dieser Einschätzung stimmt wohl inzwischen kaum mehr jemand zu. Überschwengliches Lob Vorarlbergs findet sich in manchem alten Reiseführer. Aber erst die Sommerfrischler und später die Wintersportler machten aus dem Tourismus einen entscheidenden Wirtschaftsfaktor.

Daß die Vorarlberger an zwei Saisonen pro Jahr bereist werden, das paßt nicht allen immer in den Kram. Wohl weiß man die Einnahmen aus dem Tourismus zu schätzen, immer wieder wird aber auch Kritik laut. Die Tourismusverantwortlichen haben darauf reagiert. Fremdenverkehr soll sich in Vorarlberg zuallererst an den Bedürfnissen der Einheimischen ausrichten. Wertvolle Substanz darf nicht mehr immer größeren Bettenburgen weichen. Vorarlberg setzt auf Qualität und will nicht im Massentourismus untergehen.

Dennoch quälen sich tagsüber an schönen Winterwochenenden Autokolonnen durch das Land in die Skigebiete und abends wieder zurück. Da hilft auch der „Skizug" nicht, der Wintersportler zum Sondertarif vom Bodensee bis in die Skiregionen fährt. Hingegen will das Kleinwalsertal einen mutigen Schritt setzen. Dieses Zollausschlußgebiet, nur über Deutschland auf dem Straßenweg zu erreichen, leidet ganz besonders unter dem Autoverkehr. Das Tal droht zur Hauptsaison zu einem Großparkplatz zu verkommen. Eine Sammelgarage am Taleingang, hohe Gebühren für alle, die doch ins Tal fahren wollen und ein ausgeklügeltes Bussystem sind das Rezept der Walser gegen den Verkehrskollaps. Denn im Tal war der Unmut von Einheimischen und auch von Stammgästen nicht mehr zu überhören gewesen. Tagesausflügler sollen aber weder die Bewohner noch die zahlungskräftigen Dauergäste vergraulen.

Ähnliche Überlegungen bewegen zahlreiche weitere Gemeinden. Nicht nur die Ausflügler, auch der hausgemachte Verkehr bereitet Sorgen. Bis vor etlichen Jahren galt im Land der Grundsatz, daß es gut sei, den Verkehr möglichst rasch durch die Ortschaften zu schleusen. Inzwischen ist Verkehrsberuhigung oberstes Gebot. Straßenausbau heißt in Vorarlberg deshalb längst, mehr Sicherheit zu schaffen für Radler und Fußgänger. Buslinien in Städten, Talschaften und Regionen sollen Entlastung bringen und die Ortskerne wieder wohnlicher machen.

Vorausschauende Planung meint aber hierzulande nicht nur den Straßenverkehr. Dorferneuerungsprogramme, in Vorarlberg „Gemeindeentwicklung" genannt, erfassen alle möglichen Bereiche des öffentlichen Lebens. Fachleute und Politiker entwerfen gemeinsam mit Bürgern Pläne und überlegen deren Umsetzung. Diese Art gelebter Demokratie zeigt in immer mehr Gemeinden Vorarlbergs erste Früchte. Sie bleibt nämlich nicht an Äußerlichkeiten hängen und ist deshalb viel mehr als eine „Behübschungsaktion" mit Bäumen, Blumen und Pflastersteinen. Sie will Heimatbewußtsein vermitteln, den Zusammenhalt zwischen den Generationen fördern. Und hier sind wir wieder beim Tourismus: Ich mache auch lieber Urlaub in einer Gegend, deren Bevölkerung sich daheim ganz offensichtlich wohl fühlt.

Reges Vereinsleben sowie eine lange unterschätzte dörfliche Kultur leisten dazu wesentliche Beiträge. Da spielen in den 96 Gemeinden insgesamt 120 Blaskapellen auf, allerorten tun sich Laienbühnen hervor. Wird Kultur gar zu modern, so fällt sie dem Vorarlberger oft noch etwas schwer. Das vermag aber Unentwegte nicht zu entmutigen. Bildhauersymposien, Literaturwettbewerbe und Aufführungen zeitgenössischer Werke finden denn auch verstärkt Interesse. Die Bregenzer Festspiele, dereinst zur Sommerzeit unangefochtener Hort traditionellen Kunstgenusses, setzen vermehrt auf moderne Elemente, ohne allerdings die Publikumsmagnete zu vernachlässigen. Daß sich mit der Schubertiade innerhalb weniger Jahre eine weitere Kulturreihe internationale Bedeutung erwerben konnte, zeugt von der funktionierenden – und notwendigen – Verbindung zwischen Kunst und wirtschaftlichem Denken. Es muß halt schon etwas zu verdienen sein bei solchen Aktivitäten in Vorarlberg, und sei es auch über die vielstrapazierte „Umwegrentabilität".

Für die einen ist es Kunst, für andere einfach nur ein Ärgernis – junge Vorarlberger Architektur findet nicht nur Befürworter. Dabei stößt die Vorarlberger Holzbauschule international auf großes Interesse. Traditionelle Baustoffe und zum Teil Bauformen werden in Einklang gebracht mit den aktuellen Anforderungen an Wohnen und Energiebewußtsein. Nicht alles, was da so an Neubauten aus dem Boden wächst, hält natürlich kritischer Überprüfung stand. Wer aber die Legion an Einheitshäusern kennt, die über Jahre hinweg gleichförmig das Land überflutete, der ist auch mißglückten Experimenten gegenüber eher aufgeschlossen.

Inzwischen haben die einst vielgeschmähten Baukünstler im Land es geschafft, eine ganze Reihe der uniformen Wohnkisten durch geschickten Umbau völlig neu erscheinen zu lassen. Die Landesverwaltung unterstützt solches Bemühen durch eine Altbausanierungsförderung, die zudem noch eine möglichst gute Nutzung der eingesetzten Energie einfordert. Zusätzliches Bargeld vom Land erhält in Vorarlberg nämlich, wer bei Neubauten auf möglichst geringen Energieverbrauch achtet. Immer mehr Vorarlberger setzen dabei auf die Sonne als schier unerschöpflichen Energiespender. Auch traditionelle Formen der Beheizung, wie etwa der Kachelofen, finden wieder vermehrt Anklang. Wer sich genau informieren will, der erhält entsprechende Unterlagen durch einen besonders aktiven Energiesparverein. Den unterstützen übrigens auch die Stromversorger im Land.

Die Folge davon ist ein erfreulich hoher Anteil an Energiesparbauten. Das ist wohl mit ein Ergebnis des ständig wachsenden Verständnisses für die Anliegen des Umweltschutzes. Man will nicht nur eine bestimmte Pflanze vor dem Aussterben bewahren, sondern den Lebensraum möglichst intakt erhalten.

Das ist übrigens eine wesentliche Aufgabe der heimischen Landwirtschaft. Gerade im Berggebiet ist die Landschaftspflege eine der Voraussetzungen für das Überleben der Bewohner. Werden Steilhänge nicht mehr regelmäßig abgemäht, drohen im Winter Lawinen. Ganz abgesehen davon, daß auch die Urlauber eine gepflegte Landschaft zu schätzen wissen. Vorarlbergs Bauern streben allerdings keineswegs den Status von Landschaftsgärtnern an. Sie wissen, daß sie dazu imstande sind, Lebensmittel von hoher Qualität zu erzeugen. Preise bei internationalen Bewerben und die steigende Nachfrage im eigenen Land sind Beweis dafür.

So kann der Gast in immer mehr Lokalen wieder Produkte frisch vom heimischen Bauernhof genießen und muß sich nicht nur mit internationaler Allerweltsküche begnügen. Biologischer Anbau, für Vorarlberg neue Produkte wie etwa Kosmetika aus Molke, Stutenmilch oder Kräuter finden besten Absatz. Und die Bauernmärkte sind in etlichen Gemeinden bereits zu einem festen Bestandteil einer sinnvollen Nahversorgung geworden. Daß noch immer viele Familien Milch, Eier und andere Produkte direkt am Bauernhof einkaufen, hält den Kontakt zur bäuerlichen Bevölkerung aufrecht.

Dabei haben die Vorarlberger Landwirte keine Scheu, zur Verteidigung ihrer Existenz auch Klartext zu reden. Der Chef der Interessensvertretung, hier Bauernkammerpräsident genannt, meinte anläßlich einer EG-Demonstration in Straßburg: „Die Bauern wollen nicht die Indianer Europas werden!" Harte Verhandlungen mit den EG-Größen sollen das Überleben der Familienbetriebe auch unter den Bedingungen eines geöffneten Marktes sichern.

Wenn in Abu Dhabi am arabischen Golf eine Handelsmesse stattfindet, dann sind Aussteller aus Vorarlberg mit dabei. Sie liefern Küchen für die Paläste der Scheichs oder Fruchtsäfte für Nobelhotels. Bekannte Modeschöpfer statten ihre Models mit Stoffen, Stickereien und Strümpfen Vorarlberger Produzenten aus. Und im fernen Kanada lassen sich die Wintersportler vorwiegend von Liften eines Unternehmens aus dem Ländle bergwärts bringen. Zu Tal geht es nicht selten ebenfalls auf Schiern, die im Rheintal entstanden sind.

Möbel, made in USA, haben vielfach ein Innenleben aus dem Beschlägezentrum im Rheindelta. Und die Platten für den Möbelbau sägt der amerikanische Tischler nicht selten auf Präzisionsgeräten, die ebenfalls im Ländle entstehen. Wenn er dann zur Jause ein Käsebrot verdrückt, so liegt da manchmal der „Austrian alps swiss cheese" zwischen den Brotscheiben. Die Milch dafür wurde auf einer Alpe im Bregenzerwald gemolken und über die Sennerei zur Käsefabrik gebracht. Die Vorarlberger Industrie ist seit langem exportbewußt. Das begann bereits im 18. Jahrhundert, als die ersten Textilfabriken entstanden, und nahm im vorigen Jahrhundert gewaltigen Aufschwung. Das ging nicht ohne politische Auseinandersetzungen ab, und die alten Zeitungen sind voller Berichte über heiße Fehden zwischen den liberalen und den „ultramontanen", also konservativen Kräften.

Was heute in Ländern der Dritten Welt als „Befreiungstheologie" bekannt ist, das war gegen Ende des 19. Jahrhunderts hierzulande die sogenannte „Casinobewegung". In ihren Arbeiterheimen, den Casinos, probten die Arbeiter den Aufstand, nachhaltig unterstützt durch sozial eingestellte Priester.

Schließlich fand man aber zueinander und es entstand eine Unternehmenskultur, die den Fabrikseigentümer zum Feierabend mit seinen Arbeitern am selben Tisch im Dorfwirtshaus fand. Wenn der Seniorchef einer großen Textilfirma heute noch für die Arbeitnehmer der „Herr Julius" ist, wird verständlich, daß die „Fabrikler" mit Nachdruck von „ihrer" Fabrik gesprochen haben und sprechen.

Die einst übermächtige Textilindustrie hat natürlich inzwischen an Boden verloren, und manch traditionsreiches Unternehmen schaffte es nicht, sich gegen internationale Billigkonkurrenz durchzusetzen. Die alten Fabrikshallen aber stehen deswegen nicht leer. Gezielt wurden sie neuer Nutzung zugeführt, ideenreiche Jungunternehmer brachten neues Leben und neue Arbeitsplätze.

Denn nicht nur die Industrie, auch das Gewerbe weiß sich im Land und auf dem internationalen Parkett zu behaupten. Bestandteile aus Kleinunternehmen fliegen in Satelliten durch den Weltraum, finden im Kraftwerksbau oder in der Autoindustrie Verwendung. Vorarlberger Handwerker waren im marokkanischen Königspalast an der Arbeit oder bauten Kachelöfen in Hotels in den neuen deutschen Bundesländern.

Vorarlberger Fachleute arbeiten in internationalen Konzernen mit, kochen im berühmten Watergate-Komplex in den USA und lehren Anfänger in Übersee das Skifahren. Erfreulich viele engagieren sich aber auch im Bereich der Entwicklungshilfe. Man redet hierzulande nicht nur über die Hilfe für Benachteiligte, es geschieht ganz konkret viel an Unterstützung. So sind Vorarlbergs Katholiken „Weltmeister" im Spenden: Es gibt nirgendwo eine Diözese, in der pro Kopf mehr an Spendengeldern eingeht als hier.

Vorbildwirkung haben aber auch Initiativen, die im Land selbst greifen. Daß der Schöpfer der Kinderdörfer, Hermann Gmeiner, ein Vorarlberger war, ist eines der Beispiele dafür. Bestens ausgestattete Einrichtungen für Behinderte, finanzielle Unterstützung für finanzschwache Mieter sowie große Aufwendungen für die Altenbetreuung gehören mit auf diese Liste.

Vorarlberg, ein Ländle ohne Probleme? Ganz sicher nicht. Da stehen zum Beispiel die Wohnungssuchenden Schlange vor manchen Gemeindeämtern. Der starke Zuzug von außen und die höchste Geburtenrate im Bundesgebiet führten zu einem starken Anstieg der Mietpreise. Zudem ist der Baugrund knapp, und es wächst der Trend, alles abzulehnen, was als Störung empfunden werden könnte. So bilden sich selbst bei Wohnbauprojekten lautstarke Bürgerinitiativen. Man will unter sich bleiben, keine Wohnanlage soll die beschauliche Ruhe der bevorzugten Wohngebiete beeinträchtigen.

Eine Verdichtung bereits besiedelter Gebiete läßt sich aber nicht umgehen, soll nicht das ganze Land durch Zersiedelung zu einem Fleckerlteppich werden. Die Landesregierung hat dieser Entwicklung mit der Verordnung eines Grünzonenplans gegengesteuert. Darin sind Naherholungsgebiete und Naturschutzzonen ausgewiesen, die auch künftigen Generationen erhalten bleiben sollen.

Vorarlbergs Wirtschaft ist auf Ausländer angewiesen. Das gilt sowohl für die Urlaubsgäste als auch für die Gastarbeiter, die einen bedeutsamen Anteil am wirtschaftlichen Aufschwung der vergangenen Jahrzehnte haben. Der hohe Gastarbeiteranteil führt aber auch zu Reibungen. Am Stammtisch vergißt so mancher, daß Krankenpflege, Gastronomie oder Industrie ohne die Mitmenschen anderer Muttersprache heute nicht mehr aufrechterhalten werden könnten.

Dabei gab es einst Werbefahrten der Personalchefs in die Herkunftsländer der Gastarbeiter, wurden Arbeitskräfte scharenweise ins Land eingeladen. Daß die Arbeiter ihre Familien nachkommen ließen, daß heute plötzlich Schulklassen mit 30 oder 40 Prozent Ausländeranteil rechnen, das war einst kaum ein Thema. Inzwischen redet so manches Gastarbeiterkind den selben Dialekt wie die Nachkommen der Ansässigen. Und gerade die Jugend verspürt überhaupt keinen Drang, in die fremd gewordene Heimat zurückkehren zu wollen.

Es fehlt aber im Land auch nicht an Bemühungen, diese Konflikte aufzuarbeiten. Inzwischen bieten aktive Gruppen in den Städten Einblick in Lebensweise und Kultur andersgläubiger Mitbürger. Deutlich verbessert hat sich das Verhältnis zwischen heimischen und ausländischen Schülern auch an einer Hauptschule in Lustenau, wo Lehrer und Schüler gemeinsam ein Musical zu diesem Problembereich erarbeitet haben. Einen wesentlichen Beitrag zum Verständnis für fremde Kulturen leistet die Einrichtung eines jüdischen Museums in Hohenems. Dort existierte einst eine blühende jüdische Gemeinde.

Gemeinsam aber genießen „Ureinwohner", Gäste und Gastarbeiter die Pracht der 2600 Quadratkilometer Vorarlberg. Das kleinste Bundesland Österreichs ist von der Natur gesegnet. Wasserratten nützen die Fluten des Bodensee oder die zahlreichen Freibäder.

Wanderer und Bergsteiger erobern sich die grünen Alpen und steilen Schrofen. Inzwischen haben auch die Nachkommen des Ikarus mit ihren Flugdrachen und Gleitschirmen etliche Berge für sich und ihren Sport entdeckt ,und das Mountainbiking, das Bergradeln, bekommt ebenfalls immer mehr Anhänger.

Die Vorarlberger steigen zudem vermehrt auch im Tal um auf's Fahrrad. Ein ausgeklügeltes Radwegenetz lädt zu Ausflugsfahrten, die Rast im schattigen Biergarten ist im Vergnügen inbegriffen. Daß die Radtour durch die Dörfer auch eine Augenweide ist, verdanken wir den vielen Hobbygärtnern. So manche Hausfrau setzt ihren ganzen Stolz in die Blütenpracht am Haus und im Garten. Landesweite Blumenschmuckwettbewerbe fördern dieses Tun, und etliche Gemeinden Vorarlbergs konnten bereits den Titel eines „schönsten Blumendorfes Europas" für sich in Anspruch nehmen. Das geschieht etwa keineswegs nur im Interesse des Tourismus, das ist langbewährter Brauch im Land.

Einen hohen Stellenwert hat in Vorarlberg das Vereinsleben. Gartenfreunde erhalten in Obst- und Gartenbauvereinen Tips für den optimalen Ertrag, Sportler finden eine gewaltige Auswahl der unterschiedlichsten Sportorganisationen. Kleintierzüchter, Bierdeckelsammler, Zigarrenraucher, Hundebesitzer, Imker, Sänger – kaum ein Vorarlberger, der nicht in zumindest einem Verein Mitglied ist! Hierzulande sind selbst die Jahrgänger organisiert, also all jene, die den gleichen

Geburtsjahrgang aufweisen. Da werden Ausflüge veranstaltet und Kegelabende. Von Vorteil ist diese Einrichtung besonders für Zugezogene. Sobald ruchbar wird, welchem Jahrgang der oder die „Neue" im Dorf angehört, kommt auch schon die erste Einladung. So lernt man einander besser kennen.

Waren Sie schon einmal bei einem Preisjassen? Da tobt der heiße Kampf der Kartenspieler um ausreichend Punkte, es wird entweder verbissen gejaßt oder mit lautstarken Kommentaren garniert. Solches spielt sich meist am Stammtisch im Wirtshaus ab. Das Bier – vier Brauereien gibt es noch im Land – schmeckt, und der Schmäh, der rennt.

Ab und an bestellt einer einen Most, das heimische Getränk aus Birnen oder Äpfeln. Die rechte Mischung bleibt Geheimnis eines echten Mosters, nur daß nach Möglichkeit Quitten dazugehören, ist allgemein bekannt. Und der Klare, der dazu kredenzt wird, der kommt in vielen Häusern ebenfalls aus eigener Produktion. Da steht dann für einige Tage und Nächte der Brennwagen vor dem Haus, fachkundig überwacht durch den Hausherrn oder einen beigezogenen Schnapsbrenner. Seit viele Gemeinden die Anpflanzung der traditionellen Hochstamm-Obstbäume fördern, sind die Hausgetränke wieder beliebt geworden.

Und der typische Vorarlberger, wie ist der denn? Den gibt es, leider oder glücklicherweise, nicht. Er ist neugierig oder uninteressiert, aufgeschlossen oder verbohrt, gastfreundlich oder abweisend, wie die Menschen andernorts eben auch.

Leistung, die wird geschätzt. Und wer da nicht mitzuziehen imstande ist, der hat's nicht einfach im Ländle. Man zeigt, was man hat und zeigt vielleicht sogar ein wenig mehr. Schon wegen der Nachbarn, die nur nicht meinen sollen . . .

Fanatiker sind sie eigentlich nicht, die Leute vom Ländle. Aber wenn man sie lang genug „hußt", dann gehen sie sogar für einen Schiffsnamen auf die Barrikaden, wie anno 1964, als übelwollende Wiener das neueste Bodenseeschiff nicht auf den Namen „Vorarlberg" taufen wollten. Das aber ist Geschichte, und in der Zwischenzeit hat man auch in der fernen Wiener „Zentrale" gelernt, daß mit denen vor dem Arlberg dann gut Kirschen essen ist, wenn man ihnen ihren Willen läßt.

Wo vom See die Wellen rauschen an dem grünen Heimatstrand, dem Widerhall die Felsen lauschen, liegt mein Vorarlberger Land." Das Heimatlied stellt uns bereits – romantisch verbrämt – vor, was wesentlich den Reiz dieses Landes ausmacht.

Da liegt der See, oft unwirklich, fast vergoldet im Abendlicht oder aufgewühlt von Herbststürmen. Und wer sich im Sommer am Strand von der Sonne braten läßt, der hat gleichzeitig die schneebedeckten Gipfel vor Augen. Wasserratten waren sie in früherer Zeit kaum, die Vorarlbergerinnen und Vorarlberger. So mancher der Schiffleute, die mit schwerbeladenem Lastkahn über das Schwäbische Meer kreuzten, war des Schwimmens unkundig. Wer nahm sich schon Zeit damals, sich so unnützen Dingen zu widmen.

Längst aber haben nicht nur Urlauber den Erholungswert des großteils naturbelassenen Vorarlberger Seeufers für sich entdeckt. Im Gegensatz zu den Ufern der Nachbarn um den See gibt es hier keine Privatstrände. Da breitet sich das Naturschutzgebiet Rheindelta, im Winter Rastplatz für Scharen von Zugvögeln.

Wer jedoch Geselligkeit liebt, der findet in Hard oder Bregenz gepflegte Strandbäder. Ganze Flottilien von Gondeln, Segel- und Motoryachten durchpflügen die Wellen. Daneben bietet der See aber auch Arbeit und Nahrung. 19 Berufsfischer sind am Vorarlberger

Ufer noch gemeldet, und die Sportfischer sitzen geduldig am Ufer oder im Boot, um nach Barschen – Kretzer heißen sie in Vorarlberg –, Aalen oder Forellen zu angeln..

Mancher Bewohner der Seegemeinden holt sich zudem Gratisenergie aus dem See. Tobt in den Schweizer Bergen ein Gewitter, so bringt der Rhein haufenweise Schwemmholz in den See. Was nicht die Holzer vom Rheindamm aus mit ihren Wurfhaken und Stangen erwischen, das bleibt den Kollegen, die mit den Holzergondeln ausschwärmen. Ganze Baumstämme werden da angelandet, Wurzelstöcke und Kleinware. Und wenn wieder einmal einer untergeht, weil er sein Schiffchen überladen hat und schwimmend sein Heil suchen muß, ist das Anlaß zu „regen Diskussionen" unter den Fachleuten.

So friedlich der See sich üblicherweise darstellt, er kann sich innert Minuten in einen Hexenkessel verwandeln. Da ist es gut, auf die blinkende Sturmwarnung zu achten, selbst wenn die Sonne bei strahlend blauem Himmel blendet. Denn ein Föhnsturm kann Gondeln und Segelboote ganz schön in Bedrängnis bringen. Die Wucht der Wellen hat schon mehrmals massive Uferbefestigungen demoliert oder die Seebühne der Bregenzer Festspiele als Trümmerhaufen zurückgelassen. Alle paar Jahre wächst der See, mißtrauisch und wachsam beobachtet von denen, deren Wohngebiete gefährdet werden könnten. Da schwappt er dann sogar über in den Bregenzer Seeanlagen, drängt mächtig aus Kanalisationsschächten empor und füllt manchen Keller.

Im Rheindelta haben sie bereits vor Jahrzehnten einen Damm gebaut, der sich zwischen Altem und Neuem Rhein hinzieht und eine weite Fläche einpoldert. Die war einst regelmäßig Überschwemmungsgebiet. Jetzt steht das Wasser in manchen Jahren außerhalb des Dammes deutlich höher als das durch den Damm geschützte Land. Eigentlich sollten so einst landwirtschaftlich genutzte Böden Schutz erhalten, inzwischen haben sich besonders in Fußach Häuslebauer weit vorgewagt. Der Polderdamm hat aber auch seinen Beitrag zum Werden des einzigartigen Naturschutzgebietes geleistet.

Und da fließt der junge Rhein. Er bringt nicht nur Holz, seine Wassermassen haben bis zur Jahrhundertwende immer wieder weite Landstriche überschwemmt. Jetzt ist der Alte Rhein ein friedliches Bächlein. Sein junger Namenskollege aber hat sich trotz aller Verbauung den Charakter als Europas größter Wildbach bewahrt. Nach schweren Gewittern füllt er sein Bett und das breite Vorland im Nu bis knapp unter die Dammkrone. Zur Zeit zwingen sie ihn durch vorgestreckte Dämme kilometerweit in den See. Seit Jahrzehnten wird an dem gewaltigen Projekt gebaut. Es soll verhindern, daß innerhalb kurzer Zeit die gesamte Bucht zwischen Bregenz und Lindau verschwindet. Denn der Rhein wird dereinst den Bodensee völlig gefüllt haben mit dem Schwemm-Material, das er tagtäglich talwärts trägt. Wir werden es selbst ebensowenig erleben wie unsere Urenkel. Aber die Wissenschafter haben bereits genau berechnet, wann es den Bodensee einmal überhaupt nicht mehr geben wird.

Ob man denen trauen darf, ist in Sachen Rhein äußerst ungewiß. Denn vor der drohenden Verlandung der ufernahen Zonen warnten Ansässige bereits vor 100 Jahren, als die Arbeiten zur Rheinregulierung begannen. Die „G'studierten" in Wien und Bern aber wußten es besser. Mit dem Erfolg, daß die einst 50 Meter tiefe Harder Bucht innerhalb eines halben Jahrhunderts völlig aufgelandet war. Inzwischen ist sie wieder saniert.

Vielleicht erstreckt sich in ferner Zukunft auf der jetzigen Wasserfläche eine Landschaft, wie sie das Ried um Lauterach und Dornbirn heute darstellt. Streuewiesen bieten Lebensraum für rar werdende Tier- und Pflanzenarten, Spaziergänger und Radler erobern sich die Feldwege. Wieviele Erholungssuchende hält so ein Ried aus, zumal es auch noch durch landwirtschaftliche Nutzung, durch vielbefahrene Straßen und weitere Straßenprojekte beansprucht wird? Das Land honoriert Landwirten, die schonend bewirtschaften, die zusätzliche Mühe. Gegen Straßenprojekte regt sich heftiger Widerstand, und die Erholungssuchenden werden laufend aufgefordert, die Natur nicht auf falsche Weise zu nutzen. Das Ried jedenfalls hat solchen Einsatz bitter nötig, soll es Naherholungsgebiet bleiben.

Sie sind ein Wandervogel? Dann bietet Ihnen Vorarlberg eine unerschöpfliche Fülle an Möglichkeiten. Wem der Spaziergang in der Ebene nicht ausreicht, der erwandert sich eine der hügeligen Gegenden. Richtung Pfänder, durch das Leiblachtal zum Beispiel, geht es aufwärts. Der Hausberg von Bregenz und auch die gesamte Umgebung bieten immer neue, faszinierende Ausblicke weit über den Bodensee oder hinaus Richtung Bayern. An klaren Tagen, so behaupten Leute mit Adleraugen, sei gar wohl das Münster zu Konstanz am anderen Ende des Sees auszumachen. Und wer vom Pfänder oder vom Gebhardsberg die Abendstimmung genießt, der dürfte wohl kaum je vergessen, wie der See gleißt, wenn die Sonne tiefrot oder giftig-gelb in ihn hineintaucht.

Vergessen Sie aber nicht, den Blick auch in die entgegengesetzte Richtung zu wenden, nach dem Vorderwald. Sanfte Hügel, wohlgepflegte kleine Ortschaften, weite Waldungen prägen das Bild. Das lädt auch zur Winterszeit ein, wenn Langläufer über endlose Loipen spuren, die Bregenzerach in eisiger Pracht erstarrt. Hier machten in altvorderer Zeit Mönche vom Bregenzer Kloster die ersten Gebiete urbar, da haben sich bis heute, wie im gesamten Bregenzerwald, noch etliche Traditionen gut gehalten.

Nicht umsonst gilt das Tal als eines der letzten Gebiete Österreichs, in dem das Tragen der Tracht noch eine Selbstverständlichkeit ist. Manch alte Bäuerin kann sich den Kirchgang ohne ihre Juppe überhaupt nicht vorstellen. Und als die Wälderbahn noch bis nach Bregenz dampfte, da trug man zum Besuch in der Landeshauptstadt ebenfalls noch die Festtagstracht. So ein Ausflug mit dem Bähnle war ja nichts Alltägliches. Inzwischen haben leider Murabgänge die Strecke der Schmalspurbahn unterbrochen. Drin im Wald, zwischen Bezau und Bersbuch, da fährt es aber wieder als Museumsbahn, gezogen vom instandgesetzten Dampfroß. Diese Initiative ist lebendiges Beispiel für ein Wort, das im Tal nach wie vor hoch geschätzt wird. Es findet sich selbst auf den Bierdeckeln der taleigenen Brauerei: „Meor ehrod das Ault und gruößod das Nü und bliobod üs sealb und dor Hoamat trü." Will heißen: „Wir ehren das Alte und grüßen das Neu' und bleiben uns selbst und der Heimat treu."

Bedächtig schmiegen sich Wälder Bauernhöfe an Ebene und Hang, Kirchen und Kapellen markieren den Weg. Hier sind noch echte Bauerndörfer zu finden, durchmischt mit Kleinhandwerk. Auch wenn die Söhne und Töchter in Egg das Gymnasium oder in Bezau die Tourismusfachschule besuchen – da ist noch Bauernstolz daheim im Bregenzerwald. Hier findet sich auch ein besonders waches Bewußtsein gegenüber jenen Einflüssen, die zu wenig Rücksicht nehmen wollen auf das, was Land und Leuten gut tut. Immer wieder gab es Versuche zur rücksichtslosen Vermarktung der Heimat durch Tourismus oder Straßenbauprojekte. Weitblickende Talbewohner wehrten sich mit Nachdruck. Vor Jahren noch als „Spinner" verlacht, werden sie inzwischen gehört und gelten etwas im Tal. Sie haben dazu beigetragen, manches zu erhalten, was erhaltenswürdig war und ist.

Zur Sommerzeit ist der Weg bis ans Talende, nach Schröcken und Warth, bei Heimischen und bei Gästen eine besonders gefragte Ausflugsstrecke. So erreicht man den Hochtannberg und damit Vorarlbergs international wohl bekannteste Orte: Lech und Zürs. Hier fühlen sich gekrönte Häupter ebenso daheim wie skibegeisterte Vorarlberger. Und wenn nicht gerade wegen Lawinengefahr oder Stau kein Durchkommen ist, dann bleibt der Arlberg ein Wintertraum, der auch dem Verwöhntesten noch Skierlebnis pur zu bieten hat.

Die Pisten sind von hervorragender Qualität und Vielfalt, bestens erschlossen durch hochmoderne Anlagen. Wer den Rummel nicht liebt, der weicht aus, schnallt sich die Felle an die Ski und erobert so Grate und Hänge, die dem Durchschnitts-Skitouristen allemal vorenthalten bleiben werden. Da stäubt der Pulver unter den Kanten, es knirscht im Frühjahr der Firn. Was Wunder, daß aus solch einem Gebiet international bekannte Skigrößen gekommen und nach wie vor daheim sind?

Vermehrt findet das Wintersportzentrum aber auch sommers Freunde. Hier erhält der Gast etwas für sein Geld, höchste Qualität ist Standard. Gemütliche Touren, ermöglicht durch die Aufstiegshilfen, oder Routen durch zerklüftete Wände bieten sich dem Bergbegeisterten an. Wer aber das Felserlebnis sucht, der wechselt meist ins Große Walsertal oder auf die andere Seite des Walgau, ins Rätikongebiet. Hier findet sich, zwischen den Drei Schwestern und der Silvretta, das Kletter-Eldorado des Landes mit der Schesaplana (2965 m) als höchstem Gipfel. Ebenso aber begeistern überwältigende Wanderrouten. Im Winter lädt diese faszinierende Bergwelt zu prachtvollen Skitouren.

Zu einem Mekka der Skifahrer sind Silvretta und Verwall im Montafon geworden. Eine Felstour besonderer Klasse ist die Überschreitung von Litzner und Seehorn. Hier ragt auch der höchste Gipfel des Landes, der Piz Buin mit seinen 3312 Metern.

Die „schönste Kantenkletterei der Alpen" bietet für Walter Flaig, den bekannten Alpinisten und Autor zahlreicher Bergführer, die Nordkante der Roggalspitze im Bregenzerwald-Lechquellengebirge. Neben herrlichen Skigebieten am Hochtannberg tun sich zudem Wanderwege auf, die auch Richtung Großwalsertal führen. Dort steigt die Rote Wand auf, die im Abendlicht immer wieder zeigt, woher sie ihren Namen hat. Eines der beliebtesten Gebiete für kurze Skitouren findet sich im Furkagebiet mit dem Hohen Freschen, Matona und Gehrenfalben. Ausflügler und Bergwanderer erobern sich Freschen, First, Damülser Mittagsspitze oder auch die Kanisfluh bei Mellau im Bregenzerwald.

Fest in der Hand der Wanderer sind auch die Berge im Kleinwalsertal. Hier ragen Widderstein, Kanzelwand und Hoher Ifen auf, umgrenzen eine Talschaft, die Winter- und Sommerurlauber ebenso lockt wie die Wanderer im Herbst, die geruhsam über die Hänge und Matten ziehen und sich nur mit Blicken die Steilwände erobern.

Lang ist die Geschichte derer, die die Wände des Rätikon erschlossen haben, nach wie vor gilt das Gebiet den Kletterern als besonders variantenreich. Da ragt als eindrucksvollstes Massiv die Drusenfluhgruppe an der Grenze zur Schweiz. An den großen Vorarlberger Alpinisten und Kletterer Walter Stößer (1900–1935) erinnert heute noch die „Stößerschlucht" an diesem Berg.

Er hat Nachfolger gefunden, etwa den international bekannten Toni Hiebeler. Hiebeler hat bis zu seinem tragischen Tod 1984 ein bewegtes Bergsteigerleben geführt, zahlreiche Erstbegehungen, besonders die Wintererstbegehung der Eiger-Nordwand 1961, festigten seinen Ruhm. Ebenso bekannt wurde er durch eine Reihe mitreißender Bergbücher sowie Beiträge für Bergsteigermagazine. Besonders durch die Erstbegehung der Drusenturm-Südwand bekannt geworden ist der 1910 geborene Ernst Burger. An ihn erinnert der legendäre „Burgerweg" am Drusenturm. Lassen wir Toni Hiebeler zu Wort kommen, einen der heimischen Bergpioniere. In einem seiner Bücher *) schreibt er darüber:

„Da war dann noch die 600 Meter hohe Südwand des Großen Drusenturms. Über sie sprachen die älteren Kletterer Vorarlbergs meist nur flüsternd, als wäre von einem beängstigenden Ungeheuer die Rede. Der Burgerweg (1933) sei eine Route, über deren Schwierigkeit man sich überhaupt keine Vorstellung machen könne. Und es war klar, daß uns Jungen das Burgerweg-Geheimnis unter den Nägeln brannte.

Im August 1948 hatte ich dann in Hans Franzoi endlich einen Partner für den Burgerweg gefunden. Hans Franzoi war zehn Jahre älter als ich, lang und dürr wie eine Bohnenstange, und die Zeiten waren schlecht. Unser Burgerweg-Proviant war eine Handvoll Grießzucker. Hans kletterte barfuß, ich in Dachdeckerschuhen mit

---

*) Hiebeler, Wo ich die Alpen am schönsten fand, Rosenheimer Verlagshaus, 1983

zwei Zentimeter dicken Hanfsohlen. Die zwölf Millimeter dicken Hanfseile, zwei Stränge zu je 30 Metern Länge, erinnerten uns ständig an das Gesetz der Schwerkraft. Da kamen wir endlich auf jenen unglaublichen Klemmblock, dessen Labilität später berühmt wurde: ein VW-Käfer-großer Block, in einem nach unten geöffneten A-förmigen Spalt verklemmt; zwischen Klemmblock und den Seitenwänden sind kleine Blöcke eingelagert wie ein Kugellager. Bei der kleinsten Bewegung, auf dem Block sitzend, spürte man ein beängstigendes Vibrieren des ganzen Blockgefüges. Das Weiterkommen war klar; ein etwa zwei Meter ausladendes Felsdach, in dem drei rostige Haken steckten, von unten nach oben geschlagen. Doppelseiltechnik kannten wir nur vom Hörensagen. Aber wir hatten sie bald kapiert und ließen das Dach hinter uns …"

Inzwischen erobert sich eine junge Schar von Könnern die Bergwelt immer wieder neu. Da ist etwa Wolfgang Muxel (* 1958), ein intimer Kenner der heimischen Gebirgsgruppen, der in den schwierigsten Alpenwänden daheim ist. An die Weltspitze der Bergsteiger hat sich aber der Feldkircher Beat Kammerlander geklettert. Er ist ein echter Profi der Sportkletterei, seine waghalsigen Touren im Rätikon kennen nichts Vergleichbares. An der 7. Kirchlispitze nahe der Drusenfluh eröffnete er die erste 10+-Route Vorarlbergs, einen Aufstieg von 350 Metern, seine „Unendliche Geschichte", wie Kammerlander selbst den Aufstieg benannte.

Viele betrachten gefährliche Routen lieber von unten, ich gehöre dazu. Und erinnere mich doch immer wieder an eine Bergtour, die mich von Brand aus geführt hat. Allein war ich unterwegs, der Kollege war im letzten Moment verhindert. Aber es war Wanderzeit, und da ist man auf solchen Strecken nicht allein. Geruhsam bis zur Oberzalim, tags darauf aufwärts zum Brandner Gletscher, meinem ersten damals, und ich ließ mich bei herrlichem Bergwetter berauschen. Unvergessen auch der Aufstieg zur Damülser Mittagsspitze oder die herbstliche Erkundung des Hohen Fraßen bei Bludenz.

Darf man die Wanderung durch die Dornbirner Rappenlochschlucht nach Ebnit vergleichen mit einem Bergerlebnis? Eins wie das andere geben Beispiel für eine landschaftliche Pracht Vorarlbergs, die immer neu erlebt sein will. Oder die Erinnerungen an die Skiwochen auf dem Golm ob Tschagguns im Montafon, später dann als „Skilehrer" für Schüler in Bürserberg und Brand – Winterwochen voller Erlebnisse, Tage in gleißendem Sonnenschein oder unwirtlichem Schneetreiben, Abende bei Gesang und Spiel in wohlig-warmer Hütte. Skiausflüge nach Lech, nach Warth, auf den Hirschberg bei Bizau im Bregenzerwald – mein Gott, natürlich war man nicht selten naß bis auf die Haut, taute erst daheim so richtig wieder auf. Aber missen, nein, missen möchte ich all das nicht. Nicht einmal den Tag, da ich die uralten Holzski, 24fach verleimt, bei der Abfahrt vom Hochälpele am Dornbirner Bödele endgültig ruiniert hatte. Wer hat heute noch die Chance, einen Ski abzubrechen, die Skispitzen als eindrucksvolle Trophäe heimzubringen?

Wer grad im Montafon ist, der kommt nicht daran vorbei, die gewaltigen Leistungen und den Weitblick jener zu bewundern, die vor Jahrzehnten hier begonnen haben, das „Weiße Gold" zu nutzen, die Wasserkraft. Gewaltige Rohrleitungen führen von Stauseen in die Turbinenhäuser, innert Sekunden kann wertvolle elektrische Energie gewonnen werden. Das Land treibt regen Tauschhandel mit umliegenden Stromerzeugern, die wesentlich behäbiger arbeitende Werke betreiben. Wenn zu Mittag oder am frühen Abend der Strombedarf steigt, dann liefern die Speicherwerke aus dem Land jene Spitzenenergie, die bares Geld wert ist. Ein Gutteil der Erschließung der Bergwelt mit Bahnen ist ebenfalls auf diese Pionierleistungen zurückzuführen, waren doch einige der heutigen Tourismusanlagen dereinst nur Materialbahnen für den Bau der Kraftwerksanlagen.

Nicht jeder Winkel Vorarlbergs bietet Grundlage für wirtschaftlichen Aufschwung oder reges touristisches Leben. Es sind aber gerade diese Gebiete, die uns überwältigen können mit ihrem Angebot. Herbst im Großen Walsertal. Buchenwälder legen der Talschaft ein Kleid in Rot und Braun an, hinten in Buchboden gilt es, das alte Bad Rotenbrunnen zu entdecken. Mächtige Schutzbauten, unter die sich Gehöfte ducken, gemahnen an harte Winterszeit, als etwa 1954 besonders in Blons der Weiße Tod manche Familie auslöschte. Das Leben in den Bergen ist nicht nur eitel Sonnenschein, es hat seine Härten. Daß sie ausgeharrt haben, obwohl im Tal oft leichtere Arbeit bei deutlich besserem Verdienst lockte, das ist den Bergbauern gerade in diesen Extremlagen hoch anzurechnen. Reiche Großbauern finden sich nicht in diesen Landesteilen.

Bäuerliche Kultur prägt so nach wie vor ein Land, das längst den Anschluß gefunden hat an die modernen Zeiten. Und wenn in den Rauhnächten der Bauer mit der Räucherpfanne umgeht, um den Hof zu segnen, dann redet er nicht gern darüber. Ein Stück Aberglaube steckt da noch drin, uraltes Wissen von denen, die lange vor uns daheim waren im Ländle vor dem Arlberg.

Es müssen aber schon besonders alte Bauernhäuser sein, und sie müssen tief in den Tälern stehen, damit sich etwa jene kleine Öffnung noch erhalten konnte, die der Seele eines Verstorbenen den Weg nach draußen, himmelwärts, ermöglichen sollte. Am Heimatmuseum in Sonntag im Großen Walsertal, liebevoll eingerichtet von einem pensionierten Schuldirektor, findet sich der Schieber vor der Lucke noch.

Daß manches von unserem Tun im Jahresablauf eigentlich typisch vorarlbergerisch ist, das bemerkt unsereiner oft erst dann, wenn sich plötzlich auswärtige Zuschauer einstellen, die das alles „toll" oder „very nice" finden. Das ist aber dann nicht das Allerwelts-Älplertum, das sich auf Heimatabenden so darstellt wie auch in Tirol oder im Bayerischen. Der Schuhplattler ist halt eine Importware. Aber die Umgänge im Frühjahr, die Felderprozessionen, die finden wieder vermehrt Beter. Nicht allein die Bitte um günstiges Wetter und eine gute Ernte vereint sie hinter Kreuz und Fahne, sondern das Wissen um eine Gefährdung unserer Mitwelt, die wir alle mitzuverantworten haben.

An Fronleichnam, an „Üsa Herrgottstag", mußte man in früheren Zeiten bei der Prozession mitmachen, um den guten Ruf im Dorf nicht zu verlieren. Das ist längst nicht mehr so streng. Dennoch tun in vielen Orten wieder viele mit. Und die Schützenkompanie, die den Salut schießt zu Ehren des Allerheiligsten, hat kaum über Nachwuchsprobleme zu klagen. Mit historischen Vorderladern ausgerüstet, in Uniformen aus der Zeit der Monarchie, sind die Fronleichnamsschützen besonders in Hörbranz im Leiblachtal, aber auch in Vorderwälder Gemeinden voller Stolz unterwegs.

Nicht unbedingt christliche Wurzeln hat ein anderer Brauch, auf den kaum eine Gemeinde im Land verzichten will. Am Funkensonntag, nach dem Ende der Fasnat, des Faschings also, da lodern die Flammen der Funken im Tal und auf den Hügeln. Sie sollen den Winter vertreiben und den Frühling begrüßen. Uralte Funkenzünfte sind ebenso am Werk wie erst vor wenigen Jahren gegründete Gruppen. Schilf und Streue wird in Seegemeinden aufgeschlichtet, Holzscheiter, Spälta, sind es in anderen Gebieten oder einfach Tannenreiser und Äste vom Baumschnitt. Daß überzeugte Feministinnen die Tatsache beklagen, daß dabei auch eine Hexe mit lautem Knall zu explodieren hat, läßt Heimatkundler nur müde lächeln. Denn die Hexe meint nicht die Frauen, sondern eben den Winter. Dennoch schließen manche Kompromisse und lassen ein Winterpaar in Flammen aufgehen. Der Friede soll ja im Dorf bleiben.

Vor dem Funkensonntag und dem Aschermittwoch aber steht im Ländle die Fasnat auf dem Programm. Inzwischen ist sie vielfach rheinländisch aufgeputzt mit

Gardemädchen und Prinzenpaar. Karneval aber war es dereinst nicht, was die Vorarlberger gefeiert haben. Denn die ersten Berichte über närrisches Treiben sind Jahrhunderte alt. Der Graf zu Feldkirch stellte damals großzügig Speis und Trank den keck maskierten Kindern. Frastanz, am Eingang des Walgau gelegen, kennt zudem den einzigen Faschingsumzug zur Nachtzeit. Das „Schaanerried-Fahren" betrifft die Lediggebliebenen des Dorfes. Sie sind eingeladen, sich auf den Karren zu setzen, der lärmbegleitet durch den Ort gezogen wird. Und etliche der Junggesellen und Junggesellinnen lassen sich tatsächlich Jahr für Jahr ein auf den gutmütigen Spaß. Wer weiß, vielleicht findet sich auf dem Karren ein Partner oder eine Partnerin, auf daß der Name im nächsten Fasching von der Liste gestrichen werden kann.

Gerade in Zeiten, wo die Welt uns tagtäglich ins Haus kommt, wo wir reisen und bereist werden, wächst wieder die Sehnsucht nach der Zeit, zu der wir die gute alte sagen. Es hat sich eine Bewegung gebildet, die dem auf die Spur zu kommen hofft, was dereinst tatsächlich Brauch war im Land. Volkstanzgruppen pflegen überliefertes Gut, Gesangsvereine singen vermehrt Melodien, die beinah schon vergessen waren. Und die Musikkapellen im Land haben sich in der überwiegenden Zahl der alten Trachten erinnert. Trachtenvereine zeigen rege Aktivität, auch wenn die historische Kleidung leicht abgeändert wurde, da sie dereinst oft die Bewegungsfreiheit einschränkte.

Vor allem aber kümmern sich vermehrt junge Leute um die Erforschung dessen, was die Väter einst schufen und erlebten. Immer mehr Gemeinden im Land verfügen über neue Heimatbücher, deren Inhalt beitragen soll, die Geschichte der eigenen Heimat nicht in Vergessenheit geraten zu lassen. Da gibt es zwar auch unleserliche Schwarten, die von Jahreszahlen nur so wimmeln, da findet sich aber auch manch lesenswertes Werk, das Wertvolles zu vermitteln weiß. Ähnlich ist es mit den Heimatmuseen. Vor wenigen Jahren stellten sich die vielfach als Ansammlung alter Heurechen und Fuhrwerke dar. Jetzt bergen etliche von ihnen kenntnisreich zusammengetragene Einblicke in die Vergangenheit. Da wird beileibe nicht alles, was alt ist, durch die Brille der Verklärung betrachtet. Vielmehr gibt es sehr wohl kritische Beiträge, werden die Not und bittere Armut der einstigen Landesbewohner nicht verschwiegen oder verdeckt. Geschichte, das haben die Forscher der jungen Generation gelernt, läßt sich nicht an den paar großen Söhnen und Töchtern der Heimat ablesen. Sie ist nicht nur das Geschlecht der Ritter, die einst die Burg errichteten, es sind vor allem auch die Bauern und Leibeigenen, die gezwungen waren, die Nester der Unterdrückung mit eigenen Händen aufzubauen.

Und wenn die Erinnerung an die Zeiten wachgehalten wird, da sich manche Gemeinde rühmte, besonders viele Schmuggler hervorgebracht zu haben, dann sind es nicht nur muntere Geschichten, die mit jener Zeit verbunden waren. Es ging ums nackte Überleben, wenn etwa die Lustenauer mit Kähnen den Rhein querten, um Kaffee, Tabak oder Zucker an der Zollwache vorbei ins Land zu bringen. Hier war diese Ware in schwerer Nachkriegszeit für die meisten unerschwinglich. Das galt auch für die Schwärzer, die im Walgau über die Berge kletterten, schwer beladen mit Schmuggelgut, oder an der Zollgrenze zwischen dem Bregenzerwald und dem Kleinwalsertal, das zollrechtlich seit über 100 Jahren zu Deutschland gehört.

Heute sind es meist muntere Schmugglergeschichten, die von jener Zeit künden. Aber der Pfarrprovisor von Damüls, 1993 hoch in den 80ern und noch immer im Amt, weiß aus eigenem Erleben anderes zu berichten. Er tat einst Dienst bei der Zollwache und wurde bei der Verfolgung von Schmugglern über einen Abhang gestoßen. Schwerverletzt liegen geblieben, machte er das Gelübde, Priester zu werden, würde er lebend gefunden. Er hielt, glücklich gerettet, dieses Gelübde und ist längst zu einem Priesteroriginal geworden. Er ist einer der Repräsentanten jener Generation, die den Wandlungen innerhalb der Kirche des Landes ziemlich skeptisch gegenüber steht. Denn Religion und Glaube sind nicht zu vergessen, wenn von Vorarlberg die Rede ist. Katholisch zu sein, im strengen Sinn des Wortes, das gehörte lange mit dazu im Ländle.

Markante Lebensereignisse wie Taufe, Hochzeit und Beerdigung gehören für die Mehrzahl der Vorarlberger nach wie vor untrennbar in den kirchlichen Rahmen. Sonst aber sind es nur noch wenige Berggemeinden, die sonntags die meisten Mitchristen im Gottesdienst sehen. Die Kindern sollen in der Schule noch lernen, was Glaube ist, gelebt wird das, was gefällt. Dabei sind die wirklich Gläubigen nicht ausgestorben, und gerade kritische Leute im Land stellen an sich selbst vielfach hohe Ansprüche. Man will sich vom Pfarrer nicht nur versorgen lassen, sondern mittun und wohl auch mitreden. Das paßt aber nicht zu jedermanns religiösen Vorstellungen. Konflikte sind so vorprogrammiert, und das kirchliche Leben im Land ist zumindest wieder ein Thema geworden, das auch Fernstehende zu interessieren scheint.

Man mischt sich im Ländle nicht nur ein in Dinge, die früher die Kirchenoberen unter sich ausmachten, man läßt auch den Volksvertretern nicht mehr allein die Vertretung der Volksmeinung. Bürgerinitiativen rühren sich in Vorarlberg seit Jahren, für dies und gegen jenes. Daß der Vorarlberger Landtag der erste war, in den auch grüne Politiker einzogen, paßt in dieses Bild. Eigentlich ist man ja „schwarz" als Vorarlberger, also ein Anhänger der bürgerlichen Partei. Verlassen aber können sich die Politiker längst nicht mehr auf diese Grundhaltung, die über Jahrzehnte galt. Protest- und Wechselwähler werfen immer wieder Erwartungen und Prognosen über den Haufen. Da stellt mit einemmal die Gegenpartei den Bürgermeister, da bewerben sich bislang völlig unbekannte Gruppen um Stimmen und Mandate. Und weil sich abzunützen droht, was gar zu lange an den Schalthebeln der Macht sitzt, ist jeder Wahlgang gut für Überraschungen der unterschiedlichsten Art. Über Politik, Religion und Liebe, meint ein Vorarlberger Ortspfarrer, gehört am Stammtisch nicht gesprochen. Das führe unweigerlich zu Streit, weiß er aus Erfahrung. Nun, in Sachen Politik und Religion bewahren die Vorarlberger meist doch die Sachlichkeit.

Bei der Liebe hingegen, da konnte es noch vor etlichen Jahren ab und zu dramatisch werden. Denn ein Bursche aus dem Rheintal, der sich in eine Hübsche aus dem Bregenzerwald verschaut hatte, der mußte sich noch vor wenigen Jahren in acht nehmen. Die Wälder Burschen wußten ihr Revier nämlich zu verteidigen. Gemeinsam lauerte man dem „Ländler" auf und verdrosch ihn so, daß ihm die Liebe ausgetrieben werden sollte. Doch nicht immer war dieses Tun von Erfolg gekrönt, und in der Zwischenzeit sind Härteeinlagen dieser Art auch rar geworden.

Man trifft einander nicht mehr nur am „Stubatatag", dem genau festgelegten Besuchstag also, an dem der Bursch, immer genau beobachtet durch eine Anstandsperson, Zutritt zum Haus der Angebeteten hatte. Discos, sogenannte In-Lokale, Festlichkeiten verschiedenster Art erleichtern das gegenseitige Kennenlernen. Man trifft einander auf der Skipiste oder im Bad, im Verein oder vielleicht sogar über die Kontaktanzeige des Heiratsinstitutes. Hölzern aber sei er, der junge Vorarlberger, nach wie vor tollpatschig im Umgang mit dem weiblichen Geschlecht. Vielleicht aber hat sich doch einiges getan auf dem Gebiet, seit der Tourismus im Lande blüht. Immerhin warnte einst ein Vorarlberger Landeshauptmann vor den Gefahren ausschweifenden Lebens, verursacht durch hemmungslose Urlauber beiderlei Geschlechtes, die nur darauf aus wären, die unvorbereitete Landjugend zu verderben.

Über dieses Vorarlberg, da läßt sich gar vieles schreiben und erzählen. Eigentlich gehört das Ländle aber erlebt, erlauscht, erwandert. Am Seeufer entlang oder hinauf in die Bregenzer Oberstadt, die noch immer umschlossen ist von wehrhaften Mauern, eine Art bewohntes Museum von besonderem Reiz.

Der Aufstieg zum Martinsturm zeigt, daß von hier aus dereinst tatsächlich weit ins Land Wache gehalten werden konnte – ungehindert schweift der Blick. Oder wir machen uns auf den Weg in's Gütle bei Dornbirn und hinauf durch die enge Rappenlochschlucht. Wer gut zu Fuß ist, der schafft es leicht bis Ebnit, die kleine Berggemeinde, die längst Teil von Vorarlbergs größter Stadt ist. Vom Bödele geht es hinunter nach Schwarzenberg, wo man auf einem Dorfplatz steht, der deutlich zeigt, was Bregenzerwälder Geschichte geheißen haben mag.

Ob Feldkirch lädt die mittelalterliche Schattenburg zum Besuch, ihr zu Füßen die Laubengänge der engen Gassen der Stadt. Und in den Dörfern verführen gastliche Häuser zum Verweilen. Hier können wir uns anhören, was die Heimischen gerade bewegt oder erfreut. Sie hocken sich nicht unbedingt gern zu andern an einen Gasthaustisch, die meisten der Leute im Land. Aber wenn einer kommt und Platz nehmen will, dann rücken sie schon zusammen. Daß sie aber Hochdeutsch reden, damit der Fremdling auch verstehe, was sie zu besprechen haben, das ist eher selten. Man soll's ja nicht übertreiben mit der Freundlichkeit.

Schwingen wir uns doch auf das Fahrrad, das immer beliebter werdende alternative Verkehrsmittel im Land. Zähere Volksgenossen lassen sich auch von Regen und Kälte nicht davon abhalten, derart tagtäglich zum Arbeitsplatz zu gelangen. Uns paßt das sonnige Wetter, und den kurzen Gewitterregen überstehen wir gut unter dem vorkragenden Dach eines alten Stadels. Rheintal auf und Rheintal ab fährt sich's so ganz passabel, auch im Walgau gibt es prachtvolle Wege abseits stark befahrener Straßen. Das Vorarlberger Radwegekonzept hat schon einiges für sich.

Eine Wanderausrüstung wäre gut, wenn wir im Kleinwalsertal, im Bregenzerwald oder im Montafon zugange sind. Da warten alte, ausgetretene Stege auf uns, wo der Bach noch Wildbach sein darf und entsprechend rauscht. Die Blumen sind vielfach nur zum Anschauen da, nicht zum Pflücken. Immerhin soll ja auch der nächste Wanderer sich noch erfreuen können an der Pracht. Leicht gemacht wird es dem Wanderer, denn inzwischen gibt es etwa im Bregenzerwald längst die Möglichkeit, das Gepäck transportieren zu lassen und unbelastet das Tal zu durchwandern.

Erleben wir den Nenzinger Himmel, einen Talkessel, dessen Namen nur den verwundern mag, der ihn noch nie erlebt und begangen hat. Wagen wir den Weg zu einem der stillen Seen, in denen sich schroffe Felsen spiegeln und wo am Schattenhang auch im Sommer noch die Schneefläche gleißt.

Es ist eine Vielfalt in diesem Land, die innehalten läßt auf manchem Aussichtspunkt, der einen Blick erschließt von beeindruckender Einzigartigkeit. Da fahren wir unwillkürlich zusammen, abends in der Vorsäßhütte, wenn sich mit grollendem Tosen das Sommergewitter entlädt, vielfach widerhallend von den nahen Bergen. Wie eine Sintflut klatscht der Regen auf die Dachschindeln, Blitze reißen die Nacht entzwei. Und am Morgen liebkost doch wieder die Sonne die Hänge, bimmeln die Glocken des Alpviehs und ziehen Krähen ihre Kreise weit über unseren Köpfen.

Vorarlberg, Land vor dem Arlberg. „Drum muß ich immer wieder kommen, und trennte mich die größte Kluft. O Vorarlberg, will treu dir bleiben, bis mich der liebe Herrgott ruft."

Nur ein Liedtext. Oder doch etwas mehr?

Vorarlberg – Land zwischen See und Bergen

Entwurf und Ausführung: Heinz Schwanninger, Absam

Vorarlberg – a province and its people.

What is special about Vorarlberg, what is there to tell about the westernmost part of the republic in the Alps? Well, neither the highest mountains nor the vastest sea can be found in Vorarlberg. Our waterfalls have not been written down in the book of records, there is no constant sunshine, no metropolis and no great sensation. However: we do have a sort of sea, even if it is only Lake Constance. There are thundering waterfalls and towering rocks. Moreover, the province stretches out into the Rhine Valley, makes our gaze wander. What does it matter that nothing catches our eye before our gaze crosses the border to Switzerland or Bavaria? Eyes and thoughts know no borders, in the Bangser Ried near Feldkirch, for example, there is only an old sign marking the end of the "Austrian Empire" and the beginning of the Principality of Liechtenstein. Speaking of the foreigners: Throughout the centuries, Vorarlberg has often had more contact with them than with the other people of Austria. After all, Mount Arlberg successfully prevented contact with the people from the Tyrol.

Those approximately 2 million yearly holidaymakers are unlikely to come to us because of the flourishing economy. They come to Arlberg because of a scenic variety which can hardly be found elsewhere within such a small region. Its inhabitants – currently more than 350,000 – are said to be industrious and economical, which is a very good combination to promote flourishing tourism. No international hotel chains predominate, but small- or medium-sized family businesses. Cluttering up the holiday resorts was prevented just in time.

The people from Vorarlberg have not always been wealthy. In earlier centuries, there were times of bitter poverty. Misery makes people look for scapegoats, so that in the 16th and 17th century witch hunts here wide-spread in these regions. Craftsmen went far abroad in order to earn their living. And when in big families there was hardly anything left to eat, even the children had to go abroad for months. They earned their living as cheap farm labourers with Swabian farmers.

This necessity to go abroad, however, revealed excellent examples of Vorarlberg craftsmanship such as the baroque monastery of Einsiedeln or the famous pilgrims church in Birnau near Lake Constance.

There was not much life in the region during the Ice Age. Huge masses of ice forced their way from the Alps' peaks, down through the Rhine Valley and grinded and planed the rocks. Finally, the glaciers melted down, leaving a lake which filled the entire valley of the Rhine as it is today. Then there were first primeval settlements close to the slopes of the valley – archaeological findings show this. The Kummenberg in the middle of the valley, a huge rock, had resisted the power of the ice and provided shelter to Stone Age settlers. Bronze Age, Iron Age – finally, people whom we call "Rhetians" ("Räter") today, settled. They built shelters and barriers. However, they could not offer any resistance against the overpowering Roman legions. In bloody battles, the Romans conquered mountain fortresses and defiles, finally even Lake Constance was the site of an ardent battle. Fifteen years before Christ, Vorarlberg finally became part of the Roman Empire. The Romans stayed at Lake Constance for 470 years, made themselves comfortable and, to the archeologists' delight, left many items worth excavating. Roman excavation sites are to be found in Bregenz (Brigantium) and in other parts of the province. Finally, the Alemannics moved in and first claimed the Rhine Valley for themselves. For a long time, the province was divided linguistically. The mountain regions remained Rhaetian, as old field-names still indicate.

The people from Vorarlberg like to be called Alemannics. Probably, there are only few pure-blooded members of this tribe left between the glaciers and Lake Constance; the characteristics of the language, however, have remained as a distinctive feature when compared with other Austrians. Someone from Vorarlberg travelling in Vienna can easily be taken for a Swiss.

Immigrants continued to come into the province; however, they were not that belligerent. The textile industry, flourishing from the 18th century on, the construction of the railway (opening in 1872), or the Rhine regulation around the turn of the century called for more workers. They came from Italian-Austria. That is why people from Vorarlberg are not only called Rhomberg, Dorler or Grabher, but also Bonetti, Deborioli or Carraro. When Mussolini intended to turn the people from South Tyrol into Italians, hundred of them emigrated to Vorarlberg. Consequently, South Tyrol settlements have left their marks on many a community. Finally, fellow Austrians from Kärnten and the Steiermark, too, came into the province, and, recently, also people from former Yugoslavia and Turkey.

However, we must not forget the Valais who live in Damüls and Laterns, in the Großwalsertal, in the Kleinwalsertal, or in Tannberg, better known as Lech and Zürs. They came into the country at the beginning of the 14th century from the Swiss canton of Wallis. That is why it is not that wrong to mistake someone from Vorarberg for a Swiss. Although the Valais stress their origin explicitely, they have long become original inhabitants of Vorarlberg.

No matter if someone from Vorarlberg can prove that his ancestors were born here, or if he only moved here a few decades ago – whatever the customs are, people adopt them. Of course, that also means building a house of one's own. One should actually say "meant" because land for building has now become scarce and therefore expensive. People build their houses close together, and the government promotes this. The people from Vorarlberg are also said to be economical – a trait that sometimes is said to turn into miserliness, which they themselves consider highly exaggerated.

In the year 1884, the province of Vorarlberg was, for the first time, completely annexed to Austria. By building a railway track through the Mount Arlberg the barrier which that mountain had represented between Vorarlberg and all the other parts of the monarchy in winter was surmounted.

In spite of the advantages of the construction of the Arlberg railway tunnel there were also many critics. According to them man should not connect with a hole what God had separated with a mountain. A bit of this mentality has remained in Vorarlberg. Even if many districts in the distant federal capital of Vienna has more inhabitants than the whole of Vorarlberg – the people who live there don't lack self-confidence. This can mean healthy self-assessment of a competent person as well as the arrogant opinion: "Where we live everything is better". Be that as it may – the people from Vorarlberg surely don't need to hide, even if up to now nobody has proved the point that it was his own personal merit to be born on this blessed piece of earth.

By the way, the inhabitants of the land at Lake Constance and the Rhine are not only praised by themselves. Economic strength and mobility, social sense combined with the courage to find new solutions or cultural ideas find people's praise again and again. In some areas Vorarlberg has taken on a leading role, the results of which were adopted later by other provinces or even the Federal Republik of Austria. This independence has come a long way, it might also have been caused by the province's special location. Here, one could not and did not always want to wait for decisions taken by the once distant capital of Vienna. What might be justified for a city with over a million inhabitants does nor automatically apply to a little province in which many of the altogether 96 communities count only a few hundred inhabitants. These little villages are predominant especially in the mountainous areas. It is they which account mostly for Vorarlberg's popularity as a tourist area. After all, throughout this area, tourism has been organised for more than 100 years.

Long before the foundation of the "Vorarlberg Association for Tourism" in 1893, the landscape's beauty had been praised. Many old guidebooks are full of effusive praise of Vorarlberg. However, not until summer holidaymakers and later winter sports fans came to the area did tourism become an important economic factor.

The fact that in Vorarlberg there are two seasons per year is not welcome by everybody. Although people do appreciate the money made from tourism, there are also many critics. Those responsible for tourism have reacted to that. Tourism in Vorarlberg is to primarily take into consideration the inhabitants' needs. Valuable space must not give way to even bigger hotel complexes. Vorarlberg promotes quality and does not want to be swallowed up by mass tourism.

Nevertheless, on nice winter weekends, masses of cars are trying to make their way into the ski areas during the day, and back again in the evening. Not even the "ski train", which takes winter sports fans from Lake Constance to the ski resorts for a special discount, provides help. In order to solve this problem, the Kleinwalsertal wants to make a brave move forward. This area, which can only be reached on road via Germany, is suffering severely from the traffic. In the peak season, the valley is in danger of becoming a major car park. The Valais' remedy for the traffic collapse is a big garage at the entrance of the valley, high fees for all those who insist on going by car, and a clever bus system. In the valley, one could no longer turn a deaf ear to the inhabitants' and the regular visitors' critizism. Those making only a day trip, however, should neither cause the inhabitants nor the wealthy regulars to leave.

A lot of other communities make similar considerations. Not only visitors, but also traffic caused by the inhabitants themselves is cause for concern. Some years ago, the idea was to get the traffic through the villages as quickly as possible, meanwhile traffic reduction is the highest priority. In Vorarlberg, road expansions are aimed at offering more safety for cyclists and pedestrians. Bus routes in towns, valleys and communities are to bring relief and contribute to the town centers' recovery.

Thoughtful planning, however, does not only concern traffic. Village renovation programs, called "community development" in Vorarlberg, affect all the sectors of public life. Together with the citizens experts and politicians think about plans and how to put them into practice. Active club life as well as a village culture underestimated for a long time contribute decisively to this fact. In the 96 communities there are 120 brass bands altogether, and there are amateur dramatic societes everywhere. If culture gets too modern, the people from Vorarlberg often have difficulties – which, however, does not discourage the untiring.

So, people are becoming increasingly interested in sculpture symposiums, literature competitions and performances of contemporary works. The Bregenz Festival, once the unchallenged turf of traditional art pleasure in the summertime, uses more and more modern elements, without, however, neglecting the audience's favourites. The fact that, within a few years, the schubertiade has gained international importance as another cultural event, proves the feasible – and necessary – connection between art and economics.

For some it is art, for others it is just annoyance – young Vorarlberg architecture does not always find approval. However, the Vorarlberg School for Timber-Frame Construction has met with great international interest. Traditional materials and different building shapes harmonize with current requirements for living and energy conservation. Of course, not everything that has been newly constructed passes critical inspection. But for those who know the little standard houses which, for a long time, were built all across the province, will tend to be open to experiments, even to unsuccessful ones.

Meanwhile, constructors once rejected have succeeded in cleverly converting uniform and ugly houses into seemingly new houses. The province's administration supports such efforts by giving grants to those who are willing to renovate their old houses and to improve energy efficiency. Moreover, Vorarlberg's government also gives additional cash to those who see to low energy consumption when building a new house. More and more people from Vorarlberg make use of the sun as an inexhaustible energy source.

The result is a pleasantly high percentage of buildings with low energy consumption. This is also of the result of an increasing understanding environmental issues. This is, by the way, also an important task of local agriculture. Especially in mountainous areas conservation of the countryside is one of the prerequisites for the inhabitants' survival. If steep slopes are not mowed regularly, there might be avalanches in winter. Of course, also vacationists appreciate a cultivated landscape. Yet, Vorarlberg's farmers do not want to be regarded as gardeners. They know that they are able to produce products of high quality. The proof are prices at international competitions and rising national demand.

Consequently, more and more restaurants offer fresh products from local farmers. Biological cultivation, which for Vorarlberg means new products such as cosmetics made from whey, mare milk or spices, is well sought after. And, in numerous communities, farmers' markets have already become an integral part of a sensible regional supply.

Whenever there is a trade fair in Abu Dhabi at the Arabian Gulf, exhibitors from Vorarlberg participate, too. They deliver kitchens for the sheiks' palaces or fruit juices for first class hotels. Renowned fashion designers use fabric, embroidery and stockings made by Vorarlberg producers. And far away in Canada winter sports enthusiasts are carried uphill by ski lifts mostly made by a Vorarlberg company. Often enough, they go downhill again on skis produced in the Rhine Valley.

Furniture made in USA often has mountings from the Rhine delta inside. Often enough, an American carpenter uses precision machines made in Vorarlberg for cutting boards or panels. And when he has a cheese sandwich for a snack, he might just be eating "Austrian alps swiss chesse" made from milk from an alpine pasture in the Bregenzerwald and brought to the cheese factory via an alpine dairy. Industry in Vorarlberg has for a long time been keen on export. It started as early as in the 18th century when the first textile factories were built, and experienced a sharp upswing in the last century. This development did not take place without political quarrels, and old newspapers are full of reports about fierce feuds between liberals and conservatives. Finally, the two parties consented, and an enterprise culture developed which allowed both the factory owner and the worker to sit together at the same table in the village pub after work. When a big textile factory's senior president is still called "Herr Julius" by his employees, it becomes obvious why the workers emphatically spoke – and speak – of "their" factory.

Of course, the once powerful textile industry has meanwhile lost some of its importance, and many a company rich in tradition has not succeeded in beating cheaper international competitors. The old factory buildings, however, are not empty. Young entrepreneurs, full of ideas, used them, brought new life and created new jobs. Not only industry but also the trade sector knows how to assert itself in Austria and also on an international level. Components from small businesses are used in satellites, power stations and the car industry. Workmen from Vorarlberg were employed in the Moroccan King's Palace or built tiled stoves in the new German länder.

In Vorarlberg, people do not only talk about helping the underpriviledged, they do take action. Vorarlberg's catholics are "champions" in donating. Nowhere can a diocese be found which has given more donation money.

But also initiatives that effectively work in Austria itself serve as a good example. The fact that the founder of the Children's Villages, Hermann Gmeiner, was bom in Vorarlberg, is one of these examples. You can also add excellently well equipped facilities for handicapped people, financial aid for financially weak tenants as well as great expenditure for the care of elderly people to this list.

Vorarlberg – province without problems? Certainly not. For example, people looking for a flat are queuing up at Community Offices. The population influx and the high birth rate in Austria have caused rents to soar. Moreover, land for building is scarce.

However, an increase in population density can't be avoided unless the whole province becomes a piece of patchwork through urban sprawl. The province's government took action against this and decided to build more green areas. This plan includes recreation areas and nature reserves which are meant to be kept intact for future generations, too. Vorarlberg's economy needs foreigners. This is true for holiday guests as well as guest workers who account for a big share of the last decades' economic upswing. The high percentage of guest workers, however, also leads to conflicts. In the pubs, poeple tend to forget that nursing, the catering trade or industry could nowadays not be maintained without the help of people who speak a different language.

But there are also many efforts within the province to overcome these conflicts. Meanwhile, active groups are offering people insight into the way of living and the culture of fellow citizens of a different religion. The relationship between native and foreign pupils at a school in Lustenau has decisively improved after teachers and pupils had worked together on a musical about this controversial issue. The foundation of a Jewish museum in Hohenems means a considerable contribution to understand foreign cultures. A flourishing Jewish community once existed there.

But it is together that "natives", guests and guest workers enjoy the beauty of Vorarlberg's 2,600 square kilometers. Austria's smallest province is blessed by nature. Water fans go swimming in Lake Constance or visit the numerous swimming pools. Hikers and mountain climbers conquer the green alps and steep crags. Meanwhile, Ikarus' descendants with their paragliders are to be found on the mountains, and mountainbiking is getting more and more popular.

Also down in the valley, a growing number of people from Vorarlberg switch to bikes. A cleverly thoughtout maze net of cycle tracks makes trips even more enticing, and stopping for a rest in a shady beer garden is just as much a pleasure. Due to numerous hobby gardeners, a cycling trip through the villages is also a treat for the eyes: many a housewife puts all her pride in planting flowers all around the house and in the garden. Competitions in flower decorating all over the country promote this custom, and some communities of Vorarlberg have already been awarded the title "most beautiful flower village of Europe." This is not only done for tourism, but is an old custom here.

In Vorarlberg club life plays an important role. In fruit or horticulture clubs gardeners receive advice on growing a good crop, sports fans can choose between a large range of the most diverse sports organisations. Breeders of small animals, collectors of beer mats, cigar smokers, dog owners, beekeepers, singers – there is hardly anyone form Vorarlberg who is not a member in at least one club.

In Vorarlberg, even people who were born in the same year are organized in a club. They go on trips together or play bowling. This is, above all, an advantage for people who have just moved to Vorarlberg. As soon as people find out their new neighbours' year of birth, the first invitation is made. That way, people get to know each other better.

Have you visited at a card-playing contest? There is fierce competition for points, and everybody is either tensely gripped or commenting loudly on the game. These games usually take place in the pubs. From time to time, someone orders fruit wine, a regional drink made from pears or apples. The right mixture remains a secret, it is only known that quinces are used, if possible. Many pubs also produce their own schnapps to go together with the fruit wine. Then, for same days and nights, the distillation car is parked in front of the pub, supervised proficiently by the landlord or by a consulting schnapps distillator. And what are typical people from Vorarlberg like? They don't exist, unfortunately or fortunately. They are curious or indifferent, open-minded or stubborn, hospitable or off-putting, just like people everywhere else performance is appreciated. For those who can't compete it is not easy in Vorarlberg.

People show what they have, and sometimes they even show a bit more, mostly for the benefit of the neighbours.

Long ago, not only holidaymakers discovered the big recreational value of the Vorarlberg lake which has for the most part remained a natural landscape. In contrast to the shores of neighbouring countries around the lake, there are no private beaches here. It is the nature reserve of the Rhine delta and serves as a resting place for flocks of migratory birds.

Whoever loves to have people around will find well kept seawater swimming pools in Hard or Bregenz. Whole fleets of gondolas, sailing and motor yachts are cruising the waves. Moreover, the lake also offers jobs and food. 19 professional fishermen are registered at the Vorarlberg shore, and you can watch anglers sitting patiently at the shore or in their boats to fish for perches – called "Kretzer" in Vorarlberg, eels or trout.

Many inhabitants from the lake communities gets free energy from the lake. After a thunderstorm in the Swiss mountains, the Rhine transports masses of driftwood into the lake. If the wood can't be reached with hooks and poles, it left for those who go out in gondolas to get it. Whole tree-trunks, roots or branches are brought to the shore.

Although the lake seems usually quite peaceful, it can turn into an absolute infemo within minutes. Therefore, one better watch the flashing lights which warn an imminent gale, even if the sun shines in a clear blue sky, for a foehn gale can endanger gondolas and sailing ships. More than once, the waves' power has destroyed bank reinforcements or left the lake stage of the Bregenz Festival in shambles.

Every few years, the lake grows, watched suspiciously and attentively by those whose houses might be in danger. Then, it even floods the Bregenz bank reinforcements, comes out of the sewerage system and fills many a cellar.

Some decades ago, people built a dam between the Old Rhine and the New Rhine, poldering a large area. It used to be flooded regularly, but now the water level beyond the dam is clearly higher than on the land protected by the dam. It was originally meant to protect agricultural land, but meanwhile, especially in Fußach, many houses have been built there. The Polderdamm has also contributed to the development of that unique nature reserve.

And there is the Young Rhine. It not only carries wood, its floods have, until the turn of this century, again and again flooded large areas. Now the Old Rhine is a peaceful brook. Its young namesake, however, has, in spite of all the river regulations, kept its character as Europe's greatest torrent. After heavy thunderstorms, it fills its bed and the large area until just under the dam's top in no time. At the moment they are trying to force it far back into the lake by constructing new dams. For decades, people have been working on this huge project. It is to prevent that, within a short period of time, the whole bay between Bregenz and Lindau disappears.

As early as 100 years ago, when the regulation of the Rhine had begun, residents had warned of the threatening drying up of shoreland. The intellectuals in Vienna and Bern, however, knew better. The result was that the Hard Bay, once 50 meters deep, completely dried up within half a century. Now, however, it has been rehabilitated.

Perhaps, in the distant future, there will be a dry land in the area which is water, just like the reeds around Lauerach and Dornbirn today. Meadows serve as a habitat for rare animals and plants, strollers and cyclists conquer the tracks across the fields. How many people looking for recreation can such reeds take, since it is also used for agricultural purposes, busy roads and other road projects? The province rewards the farmers' additional efforts if they practise gentle farming. Fierce resistance is cropping up against road construction projects, and those looking for recreation are continuously asked do not abuse nature. Anyway, the reeds desperately need such measures, if they are to remain recreation areas.

Do you like hiking? If so, Vorarlberg offers innumerable possibilities. If you are not satisfied with walking in the plains you can also go hiking in hilly regions. For example, you can hike uphill towards the Pfänder, by crossing through the valley Leiblachtal. The local mountain of Bregenz as well as the surroundings continue to offer new and fascinating views far across Lake Constance or in the direction of Bavaria.

However, do not forget to cast also a glance in the opposite direction, to the Vorderwald. Soft hills, wellkept little villages and huge forests predominate. Here, long ago, monks from the Bregenz monastery cultivated land for the first time, and until now numerous traditions have been maintained, just like in the whole region of the Bregenzerwald.

For that reason, the valley is one of the few regions of Austria where traditional custumes are a matter of course. Many an old farmer's wife can't imagine going to church without wearing her "Juppe", her traditional cardigan. And when the train Walderbahn still went as far as Bregenz, people also wore their festive costumes for a visit to the capital. After all, such a trip by train was not an everyday event! Unfortunately, however, subsidence has cut off the narrow-gauge railway. However, in the forest between Bezau and Bersbuch, it still works as a museum train, pulled by a repaired steam engine.

In Wald, farmhouses nestle comfortably among plains and hills; churches and chapels mark the way. Here you can still find original farmers' villages, mixed with craftsmen's shops. Even if their sons and daughters go to grammar school in Egg or to a tourism college in Bezau, in the Bregenzerwald they remain proud farmers.

In summertime, the way leading to the end of the valley, to Schrocken and Warth, is especially popular with both locals and visitors. By this way you can reach the Hochtannberg and thus Vorarlberg's internationally most renowned villages: Lech and Zürs. Here, kings and queens feel just as at home as Vorarlberg's ski fans. And when there are no problems caused by the danger of avalanches or a traffic jam, the Arlberg remains a winter dream, which offers heaven on skis even for the most spoilt. The slopes are of excellent quality and diversity, very well developed through ultra-modern facilities. Those who do not like the hustle and bustle can avoid it by putting fur on their skis to conquer ridges and hills not open to ski tourists. Small wonder that such a region has brought forth and still is bringing forth internationally well-known ski champions.

But more and more people are visiting the winter resort in summer, too. Here, you can get good quality services at great value for money. Those who love mountaineering will find both comfortable tours and tracks through ragged mountain faces. Those who prefer rock climbing will go to the Großwalsertal or the other side of the Walgau, the region of the Rätikon mountains. Here, between the mountains Drei Schwestern ("Three Sisters") and the Silvretta, lies the province's eldorado of climbing, with the Schesa as highest peak (2965 m). There are also splendid walking paths. In winter, these fascinating mountains offer great ski tours.

The Silvretta and Verwall in the Montafon have become a mecca for skiers. The crossing of the Lilzner and the Seehorn is a very special rock climbing tour. Here you can also find Vorarlberg's highest summit the Piz Buin with its 3312 meters.

Walter Flaig, the well-known alpinist and author of numerous mountain guides, considers the northern ridge of the Roggalspitze in the mountain range Bregenzerwald-Lechquellengebirge to be the "most beautiful ridge climbing of the Alps". Besides wonderful ski resorts at the Hochtannberg there are also hiking paths leading in the direction of the Großwalsertal. There you can find the Rote Wand (Red Wall), which in the evening light reflects its name.

One of the most popular regions for short ski tours lies in the area of the Furka with its high Freschen, Matona and Gehrenfalben. Those who want to go on trips or hiking prefer Freschen, First, Damülser Mittagsspitze or the Kanisfluh near Mellau in the Bregenzerwald. Hikers are plentiful in the Kleinwalsertal mountains. The towering Widderstein, Kanzelwand and Hoher Ifen enclose a valley which attracts winter and summer holiday makers as well as hikers in autumn who walk leisurely over hills and across plains, only conquering the mountains with their eyes.

Long is the story of those who have conquered the Rätikon mountain faces, and mountaineers still consider this region to be full of variety. The most impressive mountain range is the Drusenfluhgrupppe at the border to Switzerland, and to this day the gorge "Stößerschlucht" at the Drusenfluh remind people of the famous mountaineer Walter Stößer (1900 – 1935).

He has successors, such as the internationally known Toni Hiebeler. Until his tragic death in 1984, Hiebeler had led an eventful mountaineer's life, and numerous first ascents, especially the first winter ascent of the Eiger-Nordwand in 1961. He also gained popularity by writing several fascinating books about mountaineering, as well as articles for mountaineering magazines. Ernst Burger, born in 1910, became renowned for the first ascent of the Drusenturm-Südwand. The legendary "Burgerweg" in the Drusenturm is dedicated to him. Meanwhile, young experts of mountaineering continue to conquer the mountains anew, such as Wolfgang Muxel, born in 1958, a connoisseur of Vorarlberg's mountains who knows the most difficult ascents, or Beat Kammerlander, one of the best European competition mountaineers.

Many people prefer to look at those dangerous routes from below, and I am one of them. In many places and in every season you can enjoy wonderful hikes.

Whoever happens to be in the Montafon can't help admiring the enormous achievement and the farsightedness of those who, decades ago, began to make use of the "white gold", the power of water. Huge pipes lead from reservoirs into turbine stations, and within seconds precious electric energy is produced. When the electricity consumption rises at noon or in the early evening hours, Vorarlberg's storage power stations deliver that additional energy economically. Due to that pioneering work many mountains could be opened up by lifts, because some of the facilities for the tourists of today used to be supply carriers for the construction of the power plants.

Not every part of Vorarlberg is suitable as a basis for economic upswing or busy tourist life. However, it is these regions which are overwhelming in what they offer. Autumn in the Großwalsertal: beech tree forests dress the valley in red and brown, and in Buchboden you can discover the old Bad Rotenbrunnen. Huge protective constructions with farms tucked below under them are reminders of a hard winter's time, when, around 1954, especially in Blons, many families were killed by the White Death. Living in the mountains is not only easy; it can also be very hard. The fact that the mountain farmers have stayed here in those extreme regions, although down in the valley there is often easier and better paid work, has earned them great respect; rich farmers are not to be found here.

That is why rural culture is still a distinctive feature of a province that has long joined the modern times. And when frosty nights farmers go around with smoke pans to bless the farmhouse, they don't like to talk about it. They are still superstitious – ancient tales of those who lived here, in Arlberg, a long time ago. Field processions in spring are once again attended by more and more people. It is not just praying for fine weather and a good harvest that unites them behind cross and flag, but also the knowledge of our endangered world which we all are responsible for.

On Corpus Christi, people once had to participate in the procession in order not to lose their reputation in the village. Nowadays, it is not that strict any more. Nevertheless, in many villages, a lot of people join the procession. Nor even the riflemen company that fires a salut to honour the Almighty has any problems finding new members. Especially in Horbranz in the Leichlachtal, but also in Vorderwald communities Corpus Christi marksmen are proud of their historical muzzle-loaders and their uniforms from the times of the monarchy.

There is another custom which does not necessarily have Christian roots but which many Vorarlberg communities still keep alive today. On Sparks Sunday, after the end of carnival, you can watch the bonfires' flames blazing up in the valley and on the hills. They are supposed to expel winter and welcome spring. There are ancient bonfire guilds as well as groups which have only been founded a few years ago. In the lake communities people pile up reed and straw or, in other regions, logs of wood or simply pine wood or branches from cut trees.

Before Sparks Sunday and Ash Wednesday, however, there is the Vorarlberg carnival. Nowadays, it often boasts cheergirls and princes and princesses like in the Rhineland. Once, however, the people from Vorarlberg did not celebrate carnival, the first documented carnivals are centuries old. The Count of Feldkirch generously gave food and drinks to children in disguise.

In Frastanz, situated at the entrance of the Walgau, there is the only carnival procession at nighttime. A procession called "Schaanerried-Fahren" is for all the village's singles. They are invited to sit down on a waggon which will, among a lot of noise, be dragged through the village. There are in fact numerous singles who join this harmless joke every year. Who knows – they might meet a partner on that waggon so that next carnival their name can be crossed out from the list.

Especially in times of newspapers and travel, there is a growing longing for the good old times. A movement was formed whose members are hoping to discover the actual Vorarlberg customs. Folk dance groups remain and pass on customs and choral societies sing songs which had almost been forgotten. Most of Vorarlberg's bands have taken to wear old costumes, and traditional costume clubs are flourishing, even though they have changed their historical clothing a bit, for it tended to impede people's mobility in the old days.

Above all, more and more young people are trying to learn what their fathers had once created and experienced. In Vorarlberg, an increasing number of communities use the new local history books, the content of which is supposed to encourage people not to forget about the history of their homeland. The same applies to local history museums. Some years ago, they often were only a collection of old hay rakes and waggons. Now, many of them offer expertly gathered insight into the past. Not everything that is old is regarded in an idealized way. On the contrary – there are critical contributions, and the plight and bitter misery of the inhabitants of that time is not hidden or covered. Researchers of the younger generation have learnt that you can't understand history by looking at a few famous sons and daughters from one's homeland. Not only the knights once built the castle, but especially the farmers and villains who were forced to build the place of oppression with their own hands.

And when people keep up the memory of the times when many a community was proud of its numerous smugglers, it is not only cheerful stories that are connected with that time. They were fighting for plain survival, the people from Lustenau, for example, who crossed the Rhine by boat to take coffee, tabacco or sugar into the country, avoiding the customs. For most people these kinds of goods were beyond their means after the war. This also applied to the people from Schwarz who climed over the mountains in the Walgau, heavily loaded with smuggled goods, or at the customs border between the Bregenzerwald and the Kleinwalsertal, which, in terms of customs regulation, has belonged to Germany for more than 100 years.

For most of the people from Vorarlberg, important events like christenings, weddings or funerals are still inextricably linked with the church. Otherwise, however, only a few mountain communities, see their fellow Christians at mass on Sundays. The children are to learn in school what religion means, but outside they live as they please. There are still, however, deeply religious people, and especially critical people in Vorarlberg are very self-demanding. They do not only want to be told by a priest what to do, they also want to decide for themselves. In Vorarlberg, people not only interfere in matters that were once only decided by the heads of the church, they no longer leave the representation of their opinion only to the members of parliament. For years, citizen's initiatives have stood up for this and against that. The fact that Vorarlberg's state parliament was the first to have politicians from the environmental party fits this image. Originally, people from Vorarlberg vote "black", that is to say they are supporters of the civil party.

However, politicians can no longer rely on the basic position which people have believed in for decades. Protest voters or floating voters keep upsetting the expectations and predictions. Suddenly, a member of the opposition becomes mayor, parties which have been unknown so far apply for votes and mandates. And since it cannot be good to have too much power for too long, every election can turn out to be quite a surprise.

A lot can be written and told about that province of Vorarlberg. One should, however, experience it oneself by visiting it, listening to its people, hiking through its countryside. You can walk along the lake's shore or go up to the upper town of Bregenz, which is still surrounded by protective walls, a kind of living museum of special attraction. Ascending the tower Martinsturm illustrates how well people could guard the province from this position – the view is limitless. We could also make our way to Dombirn or up through the narrow gorge Rappenlochschlucht. Those who are good walkers can easily reach Ebnit, the small mountain community, which has long since become part of Vorarlberg's biggest town. From the Bödele, the way leads down to Schwarzenberg where you can judge from the village green what might have been the history of the Bregenzerwald. Above Feldkirch the medieval castle Schattenburg beckons you to visit, below it the pergolas of the town's narrow alleys. In the villages, inns and pubs tempt people to linger. Here we can listen to what the people from Vorarlberg think, what is on their minds, what makes them happy. Most of them do not like sitting at the same table with strangers; however, if someone wants to sit down, they move closer together. Yet, they will seldom speak High German so that the stranger can understand what they are talking about. Better not exaggerate friendliness.

The bike is a means of transport which is gaining increasing popularity. Not even rain or the cold can prevent the brave from going to work by bike every day. We like the sunny weather, and under the jutting roof of an old barn we don't mind the short rainfall. So we enjoy our trip up and down the Rhine Valley and in the Walgau, on splendid paths off the busy roads. Vorarlberg's ideas about cycle paths are worth a lot.

If you intend to go hiking in the Kleinwalsertal in the Bregenzerwald or in the Montafon, you need to be well-equipped. There are old and well-trodden paths, where a brook is to be a rushing torrent. The flowers free are often only to look at, not for picking, for the next hiker should be able to enjoy their beauty, too. Meanwhile in Bregenzerwald, for example, hikers can have their luggage transported, so that they can easily wander through the valley.

Vorarlberg offers a diversity of the kind that makes people stop at many a vantage point to enjoy a view of impressive uniqueness.

Vorarlberg, province at the Mount Arlberg. "That is why I have to come back again and again, even if I had to cross the deepest gorge. Oh Vorarlberg, I will be faithful to you, until God the Almighty calls me."

It's only a song. Or is it a bit more?

Vorarlberg besitzt von allen Anrainerstaaten den kleinsten Anteil am Bodensee. Am Ufer des Rheindeltas breitete sich früher Sumpf aus, wertlos und deshalb nicht gefragt. Dann begann behutsame landwirtschaftliche Nutzung. So konnte sich im Rheindelta ein Naturschutzgebiet erhalten, das Lebens- und Ruheplatz für rare Vertreter der Tierwelt und Standort sonst beinah verschwundener Pflanzen ist. Weit schiebt sich die Mündung des Alten Rheins, der Grenze zur Schweiz, in den See.

Compared with other neighbouring states, Vorarlberg has the smallest share of Lake Constance. Along the shore of the Rhine Delta there lay useless marshland. Then, careful management created a nature reserve offering shelter for rare animals and otherwise almost extinct plants. The Old Rhine's mouth, the border to Switzerland, goes deeply into the lake.

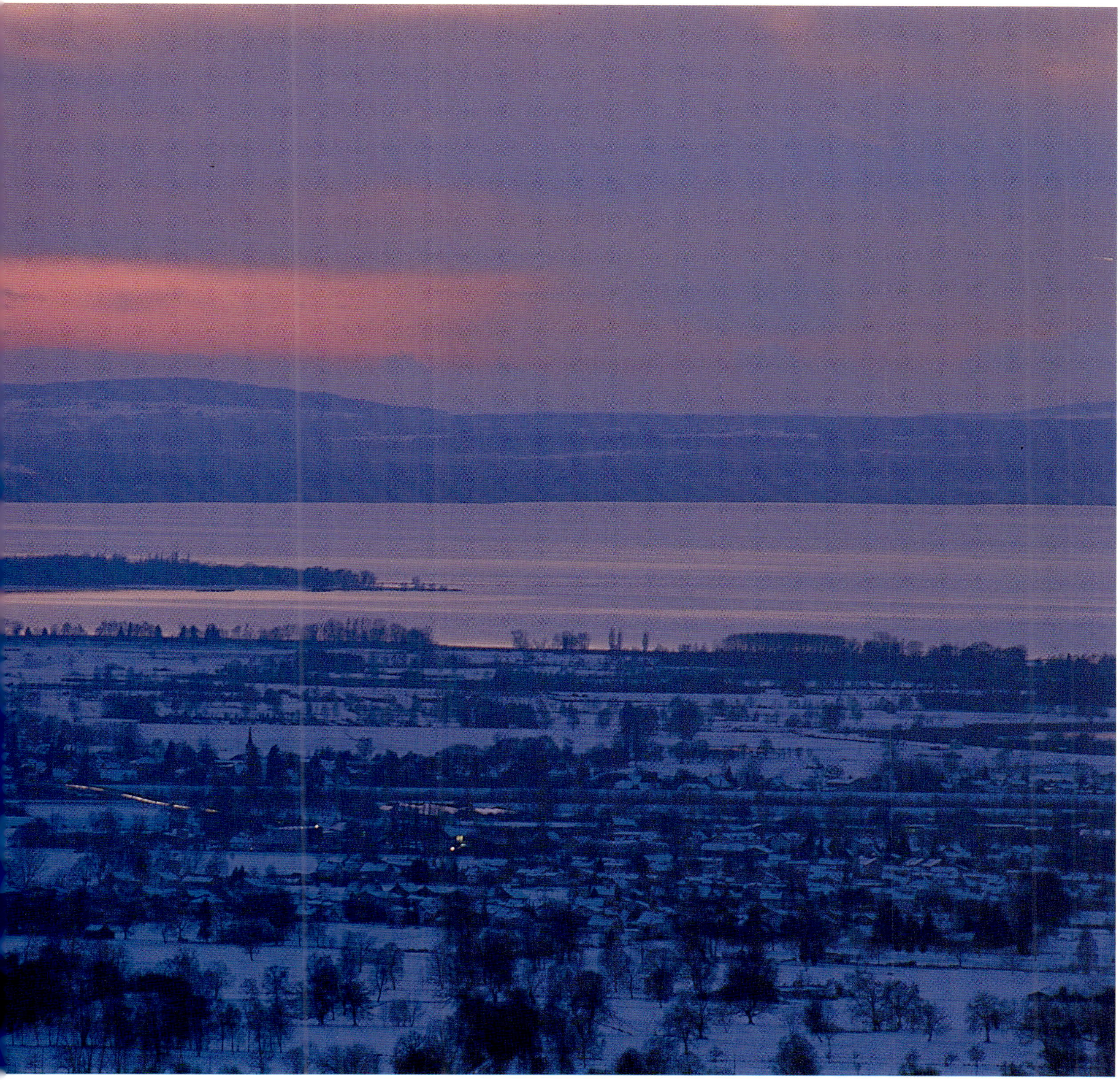

Ihm dient der Bodensee nicht zur Erholung, für Franz Blum ist das Gewässer Arbeitsplatz. Felchen und Barsche, in Vorarlberg Kretzer genannt, sind die Brotfische der 19 Vorarlberger Berufsfischer. Sie müssen sich den Fang nicht nur mit zahlreichen Hobbyanglern teilen, sondern mit etlichen hundert Kormoranen, von denen jeder täglich bis zu 2 kg Fische aus dem See holt.

For Franz Blum, Lake Constance does not represent a place of recreation but his place of work. Vorarlberg's 19 professional fishermen fish for white fish and perch, called "Kretzer" in Vorarlberg. However, they have to share their fishing not only with numerous amateur anglers, but also with hundreds of cormorants, each of whom catch up to 2 kg of fish per day from the lake.

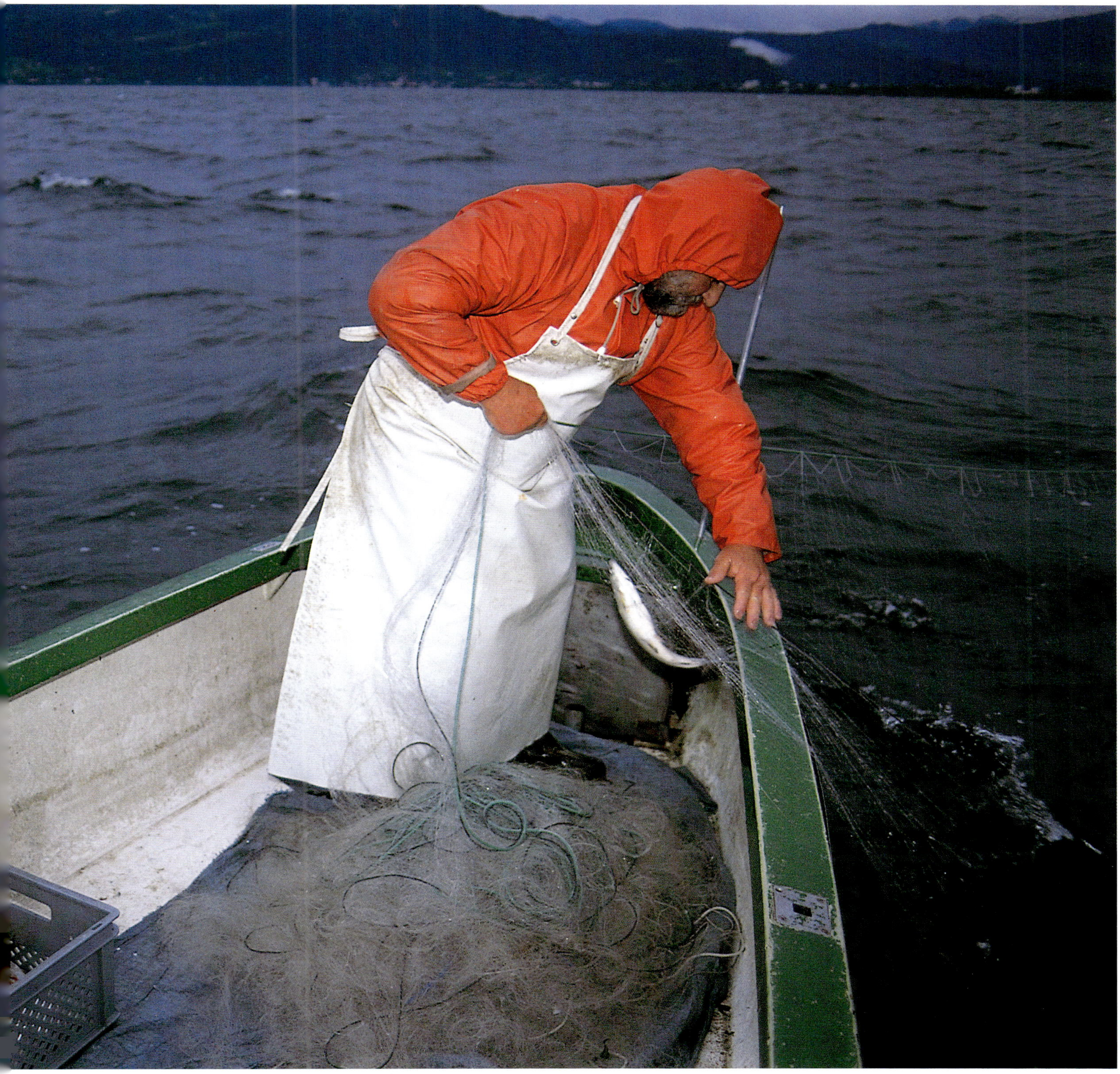

Der Bau der Eisenbahn, die 1872 eröffnet wurde, schnitt Bregenz vom See ab. So wurden auf Anregung des „Vereins für Gemeinnützige Zwecke", dem heutigen Verkehrsverein, 1880 zwischen Bahn und See die Seeanlagen errichtet. Sie sind heute noch zu allen Jahreszeiten bei Einheimischen und Gästen beliebter Aufenthaltsort.

The construction of the railway (opening in 1872) cut Bregenz off from the lake. So, at the suggestion of the "Association for Public Benefit", now the Tourist Information Office, the "Seeanlagen", a big park, was built between the railway and the lake in 1880. To the present day this area has been popular a place for natives and guests in all seasons.

Treffpunkt für Verliebte, Wahrzeichen der Bregenzer Seeanlagen, Anlegestelle für Dampfschiffe und 1923 für kurze Zeit sogar „Flughafen" für Wasserflugzeuge – das ist der Fischersteg. 1970 durch einen schweren Sturm völlig zerstört, konnte er erst zehn Jahre später, nach massivem Druck der Bevölkerung, wieder aufgebaut werden.

Meeting point for people in love, symbol of the Bregenz Seeanlagen, landing stage for steam boats, and, for a short time in 1923 an "airport" for seaplanes - that is the Fischersteg. In 1970, it was destroyed completely during a heavy gale and could only be rebuilt ten years later, following a massive public campaign.

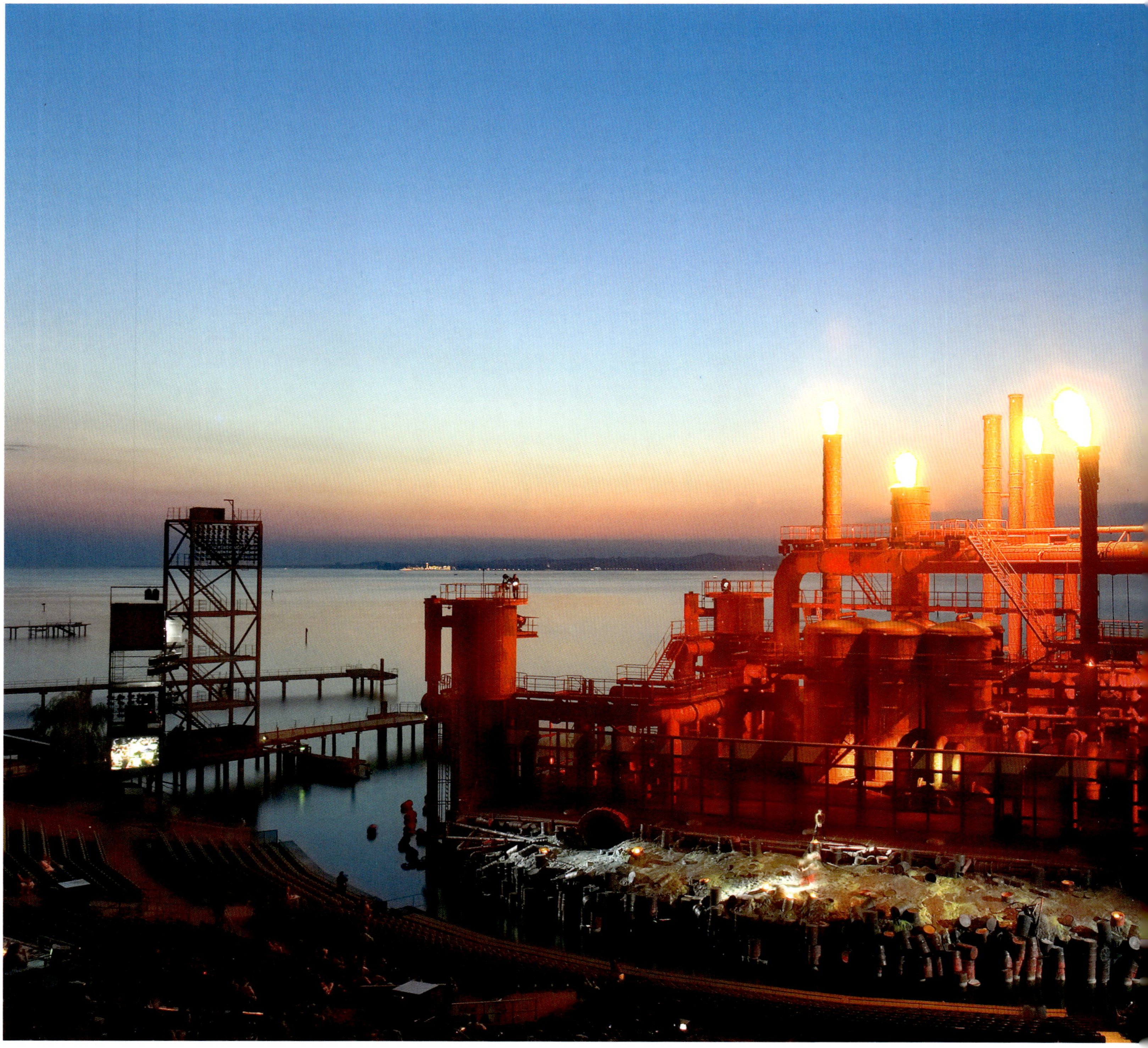

Auf Kiesschiffen aufgebaut war 1946 die erste Behelfsbühne der Bregenzer Festspiele. Mit „Bastian et Bastienne" von Wolfgang Amadeus Mozart sollte der endgültige Schlußstrich unter das Kriegselend gezogen werden. Inzwischen sind die Bregenzer Festspiele zu einem international gerühmten Festival geworden, und die Stadt und ganz Vorarlberg stehen Jahr für Jahr für fünf Wochen im Zeichen der Festspiele. Wo gibt es schon ein Kulturereignis dieses Ausmaßes, zu dem man per Schiff gelangen kann? Wer Karten will, tut gut daran, diese möglichst bereits ein Jahr im voraus zu reservieren.

In 1946, the first makeshift stage at the Bregenz Festival was built on sandbanks. A performance of "Bastian et Bastienne" by Wolfgang Amadeus Mozart was to finally put an end to wartime misery. Since then, the Bregenz Festival has become an internationally renowned festival. Year after year, Bregenz and the whole province of Vorarlberg celebrate the festival for five weeks. Where else can you find a cultural event of such dimensions reached only by ship? If you want to purchase tickets, you'd better reserve them a year in advance.

„Hoamatle, o Hoamatle am himmlblaua Bodasee" heißt es in einem der bekanntesten Vorarlberger Lieder. Der See mit seinen vielen Möglichkeiten der Freizeitgestaltung prägt den Charakter der Landeshauptstadt Bregenz, eingebettet zwischen dem Bergrücken des Pfänders und den Fluten des Schwäbischen Meeres. Hier schwammen bereits kurz vor Beginn unserer Zeitrechnung gar römische Kriegsschiffe.

"Home, oh home at the sky-blue Lake Constance", are the lyrics of one of the most popular Vorarlberg songs. The lake which offers a multitude of ways to spend one's leisure time has a formative influence on the character of the province's capital, Bregenz, nestling among the mountain ridge of the local mountain Pfänder and the waters of the Swabian Sea. Here, even before Christ, Roman warships could be observed.

Nur einen Katzensprung vom Trubel der heutigen Stadt am See entfernt liegt auf der Höhe die Bregenzer Oberstadt mit ihren mittelalterlichen Stadtmauern und dem markanten Martinsturm, dem ältesten Barock-Bauwerk im Bodenseeraum.

Only a stone's throw away from the hustle and bustle of the modern part of the town near the lake, there is the Bregenz upper town with its medieval city walls and the prominent Martinsturm, the oldest baroque building in the Lake Constance area.

Eine Ecke der mittelalterlichen Stadtmauer wird vom Deuringschlößle beherrscht, das gegen Ende des 17. Jahrhunderts neu erbaut wurde. Inzwischen bietet es als Hotel gastliche Aufnahme.
An das Deuringschlößle schmiegen sich eng die Bürgerhäuser der Oberstadt an. Sie haben längst das einst feste Bollwerk der um 1200 errichteten Stadtmauer durchbrochen und begrenzen jetzt mit Fenstern, Giebeln und Zierbauten den ruhigen Bregenzer Stadtteil.

In one corner of the medieval city walls there is the Deuringschlößle, which was newly built at the end of the 17th century and which now serves as a hotel.
The houses of the upper town nestle against the Deuringschlößle. The solid bulwark of the city wall (built around 1200), which forms the boundary of the quiet Bregenz district once lay damaged and broken but has now been restored with windows, gables and ornaments.

Drei der imposanten Bregenzer Gotteshäuser auf einen Blick. Vorne die alte
Stadtpfarrkirche St. Gallus, in ihrer jetzigen Form 1737 errichtet.
Der barockisierte Turm stammt aus dem 15. Jahrhundert. Wahrzeichen der
Stadt ist der wuchtige Martinsturm mit seiner mächtigen Zwiebelhaube.
Dahinter schließlich die beiden Türme von Herz Jesu, dem 1908
fertiggestellten neugotischen Backsteinbau.

Three of the most imposing Bregenz churches in one view. In front, you
can see the old town's parish church St. Gallus, built in 1737.
The baroque tower dates back to the 15th century. The town's symbol is the
massive Martinsturm with its huge imperial roof. Behind, there are the twin
towers of the church Herz Jesu, a neo-Gothic brick building, finished in 1908.

Ein Zeichen der Volksfrömmigkeit ist die Barockkirche von Bildstein im unteren Rheintal. Der Bau einer Kapelle an diesem Ort wird auf eine Erscheinung der Mutter Gottes zurückgeführt. Und noch immer klingt das Lied von der „Mutter der Gnaden", wenn Wallfahrer bittend und dankend den Weg nach Maria Bildstein finden.

The baroque church of Bildstein in the lower Rhine Valley is a sign of public religiousness. The construction of a chapel at this place is put down to a vision of the Mother of God, and you can still hear the song of the "Mother of Mercy" when pilgrims make their way to Maria Bildstein, praying and thanking the Lord.

80 Prozent der Vorarlberger Bevölkerung sind in der Ebene des Rheintals zuhause. Der Druck auf die Grünflächen nimmt zu. Der Grünzonenplan des Landes verhindert aber inzwischen wirkungsvoll, daß weitere Gebiete zu Bauland umgewidmet werden.

80 per cent of the Vorarlberg people live on the tributaries of the Rhine Valley. The run for the green areas is increasing. Lately, however, the province's project to conserve green areas has successfully prevented further areas from being converted into land for building.

Ausgewiesene Radwege oder stille Riedstraßen laden in Vorarlberg die Radler ein. So läßt sich ein Land geruhsam immer neu entdecken.

In Vorarlberg, cyclists will find marked cycling tracks and quiet tracks alongside the reeds on which you can leisurely discover the region anew time and time again.

Stätte des Gebetes und der Arbeit – Zisterzienserinnenabtei „Maria Stern"- Gwiggen in Hohenweiler im Leiblachtal. Der Orden hat nach wie vor keinerlei Probleme, junge, begeisterte Nonnen zu finden.

Place of prayer and work - this is the Cistercian abbey "Maria Stern" - Gwiggen in Hohenweiler in the Leiblachtal. The order still has no problems in finding young and enthusiastic nuns.

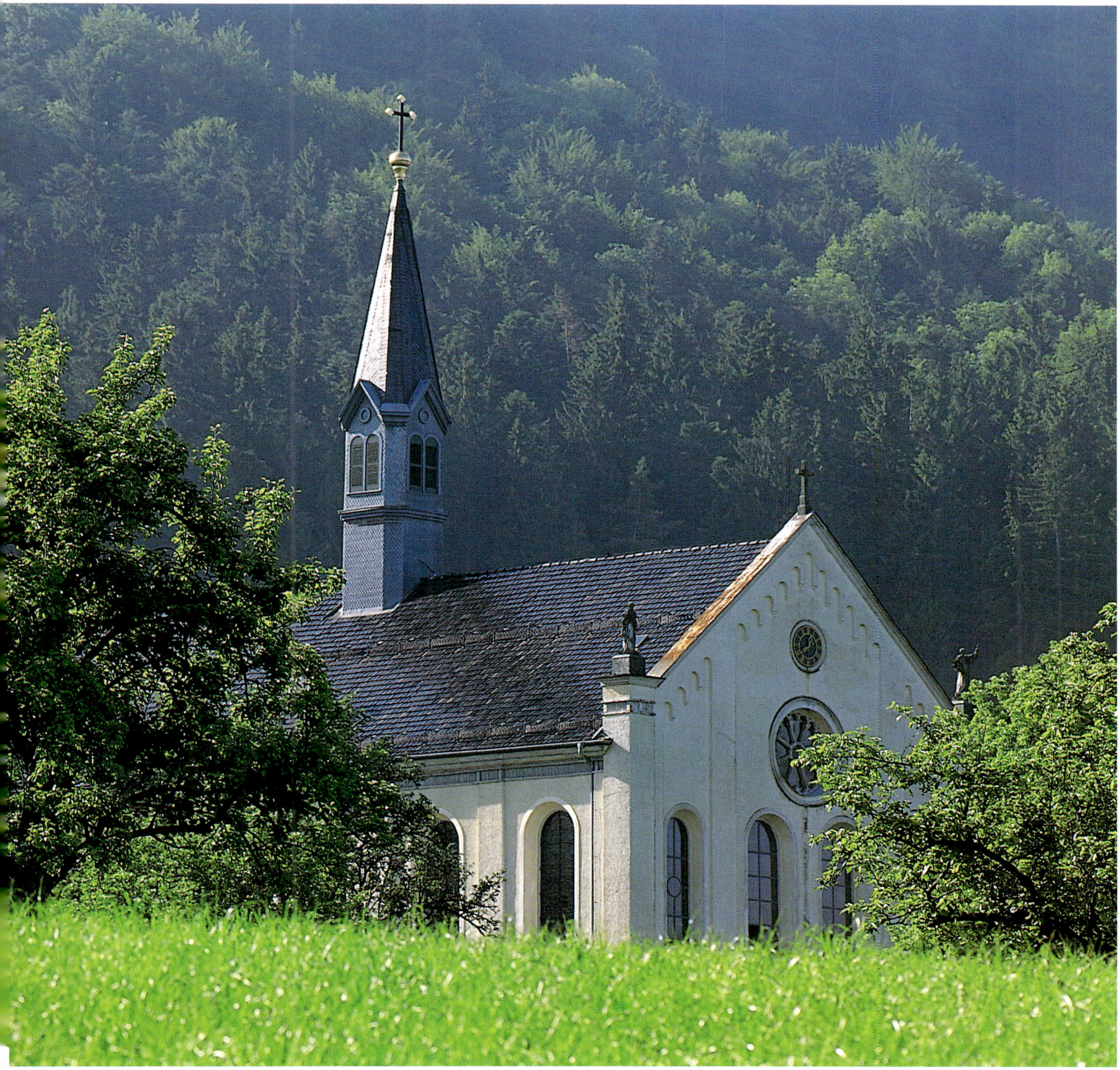

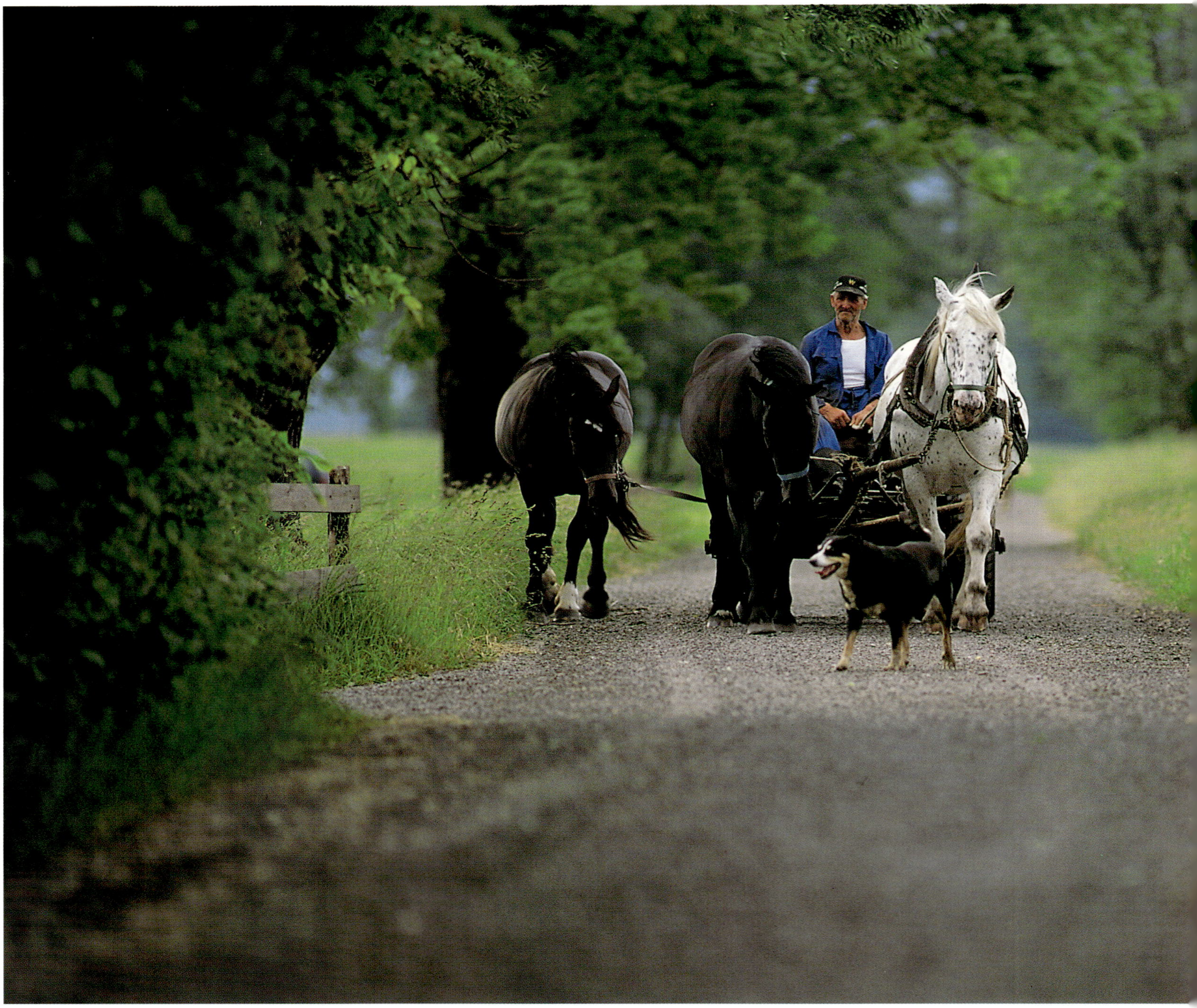

Wer wird es denn eilig haben an einem prächtigen Frühsommertag?
Mensch und Tier nehmen es gemütlich, abseits der wichtigen Verkehrsadern
läßt das Ländle den Streß vergessen. Der alte Bauer im Ried jedenfalls
scheint alle Zeit der Welt zu besitzen.

How can anyone be in a hurry on such a splendid early summer's day?
People and animals take it slowly, off the main roads one can forget the stress.
Anyway - this old farmer in the reeds seems to have all the time in the world.

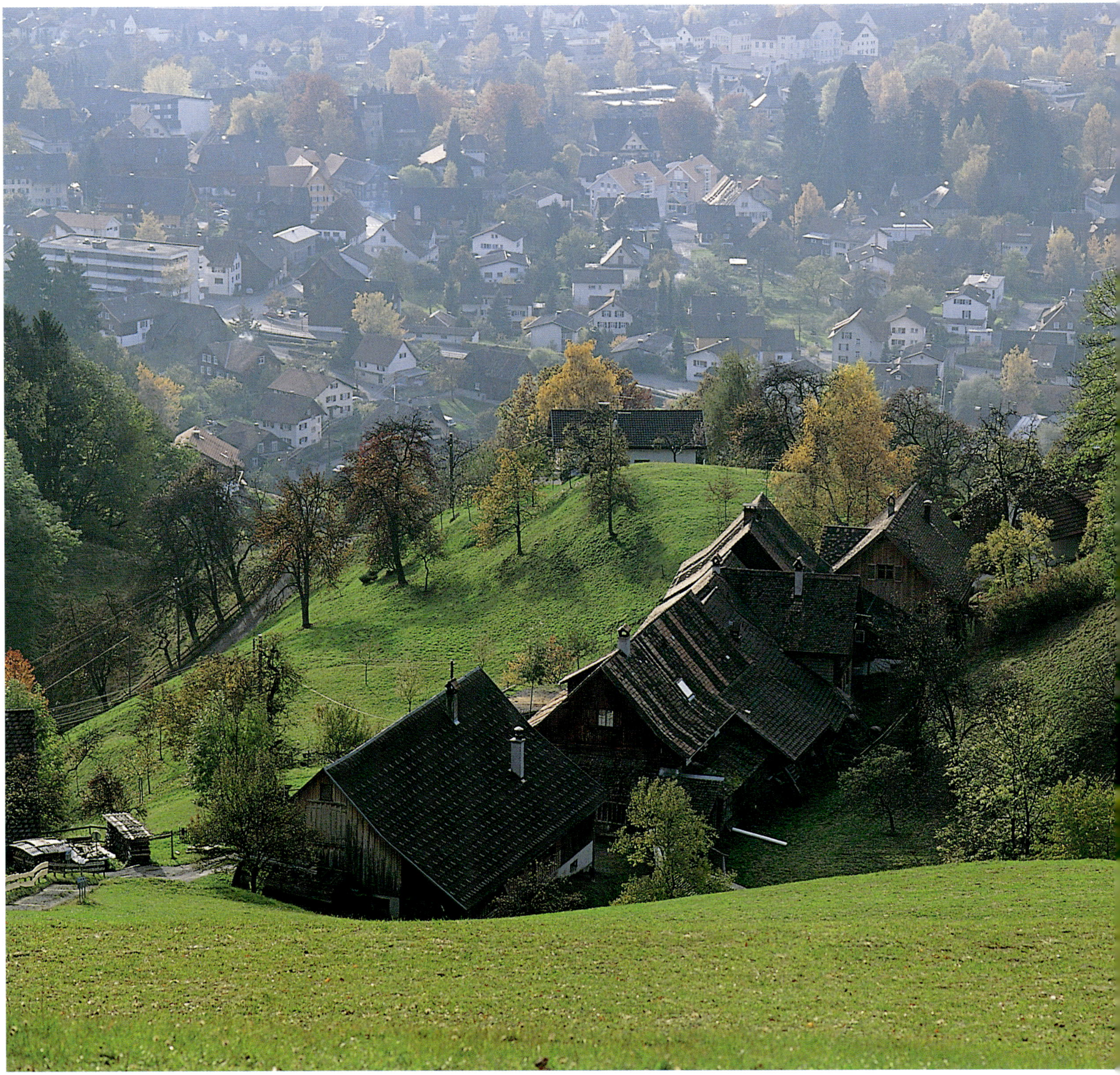

Verschlafenes Provinznest oder pulsierendes Wirtschaftszentrum Vorarlbergs – die Bewohner von Dornbirn, der größten Stadt des Landes, wissen nie genau, welche Beschreibung ihrer Stadt ihnen lieber ist. Dicht aneinander gedrängt stehen in der Bergparzelle Romberg die alten Bauernhäuser. Die Ahnen der bekannten Familie Rhomberg waren einst dort daheim. Das „h" im Familiennamen kam erst im 18. Jahrhundert dazu. Rechts der Marktplatz ganz winterlich-ruhig.

Sleepy little village or busy economic center of Vorarlberg - the inhabitants of Dornbirn, the province's greatest town, don't know exactly which description they prefer. In the mountain village of Romberg, the old farmhouses stand very close together. Once, the ancestors of the well-known Rhomberg family lived there. The "h" in the family name was added only later in the 18th century. On the right you can see the market square in quiet wintertime.

Die kleine Bauernansiedlung Hohenems-Reute oberhalb der Stadt ist längst zum
beliebten Ziel für Erholungssuchende geworden.

The ancient litte farmers' settlement of Hohenems-Reute above the town has
become a popular place for those looking for recreation.

Graf Jakob Hannibal I. war erster Schloßherr im Emser Palast, wie das Renaissanceschloß der Stadt genannt wird. Heute ist es im Besitz der Grafen von Waldburg-Zeil. Der Innenhof bietet immer wieder den eindrucksvollen Rahmen für Konzerte. Hier war der Beginn der inzwischen nach Feldkirch übersiedelten Schubertiade. Im Palast wurden im 18. Jahrhundert zwei Handschriften des Nibelungenliedes entdeckt.

Count Jakob Hannibal I. was the first lord of the Ems Palace, as the town's renaissance castle is called. Today it belongs to the Count of Waldburg - Zeil. Again and again, the patio serves as an impressive setting for concerts. Here was the beginning of the Schubertiade, which has meanwhile been transferred to Feldkirch. In the 18th century two manuscripts of the Nibelungenlied were rediscovered in the palace.

Hoch lodern die Flammen gegen den nachtschwarzen Himmel. Am Funkensonntag, nach dem Ende der Faschingszeit, brennen im ganzen Land die Funken so wie hier in Hohenems-Erlach. Die Feuer sollen nach altem Brauch dazu beitragen, den Winter zu verjagen.

The flames are blazing high against the night's dark sky. On Sparks Sunday, at the end of carnival, there are bonfires all over the province, like here in Hohenems-Erlach. According to an old custom, the fire is to help dispel the winter.

Wie ein Fels in der Brandung der Nebel ragt im Rheintal die Burg Neuems, Schloß Glopper genannt, über Hohenems-Reute. 1334 erbaut, 1405 im Appenzellerkrieg zerstört und anschließend wieder aufgebaut, ist sie heute von einem Sproß des Hauses Waldburg-Zeil bewohnt.

The mansion of Neuems, called the Castle of Glopper, rises high above Hohenems-Reute, solid as a rock in the mists of the Rhine Valley. Built in 1334, destroyed in 1405 in the Appenzell war and finally reconstructed, it is now the home of a member of the Waldburg-Zeil family.

Wie vom Wintersturm gemeißelt liegt die Schneefläche vor der Hohen Kugel, im Hintergrund Freschen und Dornbirner First.

A blanket of snow, as if chiselled by the winter storm, in front of the Hohe Kugel; in the background Freschen and Dornbirner First.

Schnee, Sonne und Sturm gestalten bei der Hohen Kugel zwischen Hohenems und Götzis ein sich ständig wandelndes Bild.

Between Hohenems and Götzis, at the Hohe Kugel, snow, sun and storm present an ever changing view.

Bereits ein wenig abseits der Ebene des Rheintals öffnet sich die Bergwelt zu faszinierenden Bildern. Firstgebiet und die Damülser Mittagspitze im Hintergrund sind Beispiel für den Vorarlberger Wintertraum.

A short distance away from the planes of the Rhine Valley, the mountains offer fascinating views.
The region of the First and the Damüls Mittagspitze in the background are examples of the Vorarlberg winter paradise.

Den Blick schweifen lassen. Boxberg und Bregenzerwald liegen vor uns, wenn wir den Wendkopf bei Hohenems erstiegen haben.

Let your eyes roam. The Boxberg and the Bregenzerwald extend in front of us after we have climbed the Wendkopf near Hohenems.

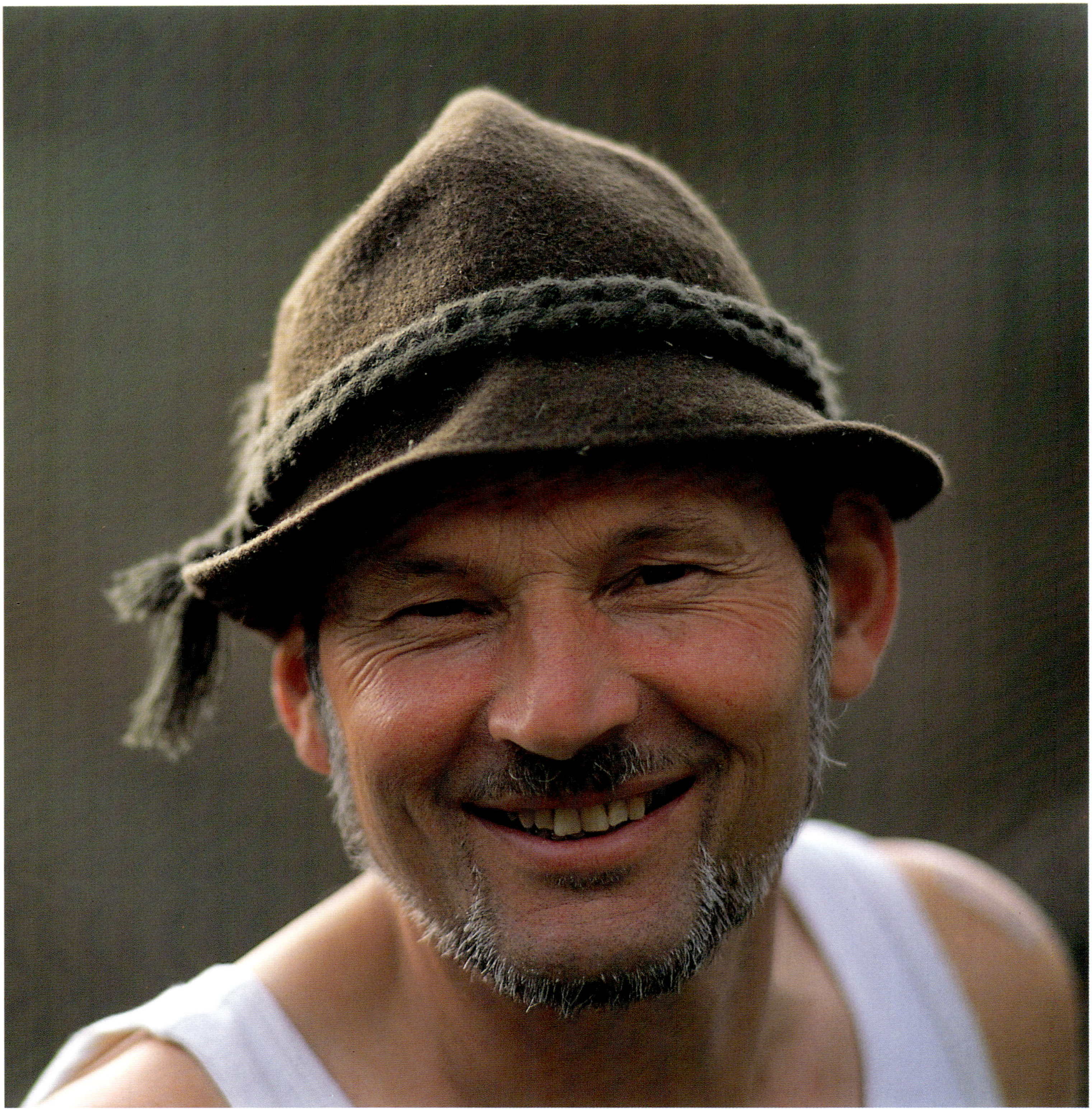

Die bäuerliche Landwirtschaft ist nach wie vor Garant
für die gepflegte Landschaft im Ländle. Für große Höfe ist kaum Platz,
die meisten Vorarlberger Bauern sind Nebenerwerbslandwirte,
erledigen die Arbeit am Hof also nach Feierabend.

Rural agriculture provides the cultivated landscape
in the province. However, there is little room for large farms and for most
farmers in Vorarlberg farming is a second occupation, that is to say, they
work on their farms after they come home from their regular jobs.

Ein Dorf erwacht – Egg im Bregenzerwald. Hier bestand ab 1400 das Hochgericht der Wälder Bauern. Tourismus und rege Gewerbebetriebe bestimmen heute das wirtschaftliche Leben.

A village wakes up - Egg in the Bregenzerwald. From 1400 onwards, it was the site of the criminal court of the Wald farmers. Today, tourism and flourishing manufacturing businesses dominate economic life.

Woher der Bregenzerwald seine Bezeichnung hat, ist bei diesem Blick vom Bregenzer Hausberg Pfänder unschwer nachzuvollziehen. Hier ist bäuerliches Leben spürbar.

A view from the Pfänder, the Bregenz local mountain, easily reveals where the name Bregenzerwald comes from. Here you can still find genuine rural life.

Der gemütliche Jaß mit Freunden bei einem Krug Most ist Hobby und zugleich Erholung nach dem oft harten Tagwerk der Bauern. Vorausgesetzt, man hat die richtigen Karten.

Playing cards with friends and having a jug of fruit wine is hobby and recreation after a hard day working at the farm. That is, if you have the right cards.

Tiere kennen keine Fünf-Tage-Woche, deshalb sind freie Tage für einen Bauern rar. Die Freude am Umgang mit der Natur entschädigt dabei für manche Mühe.

Animals do not know a five-day working week, so there is no time off for a farmer. However, the pleasure of dealing with nature makes up for all the hard work.

Ein beschauliches Dasein bietet das Leben in der Ortschaft Müselbach im Vorderen Bregenzerwald. Die wuchtigen Bauernhöfe im Bregenzerwald sind Ausdruck des Selbstbewußtseins der Bewohner, das bis heute nicht gelitten hat.

It is a tranquil life in the village of Müselbach in the Vorderer Bregenzerwald. The massive farmhouses in the Bregenzerwald are an indication of the inhabitants' confidence in the area, which still remains today.

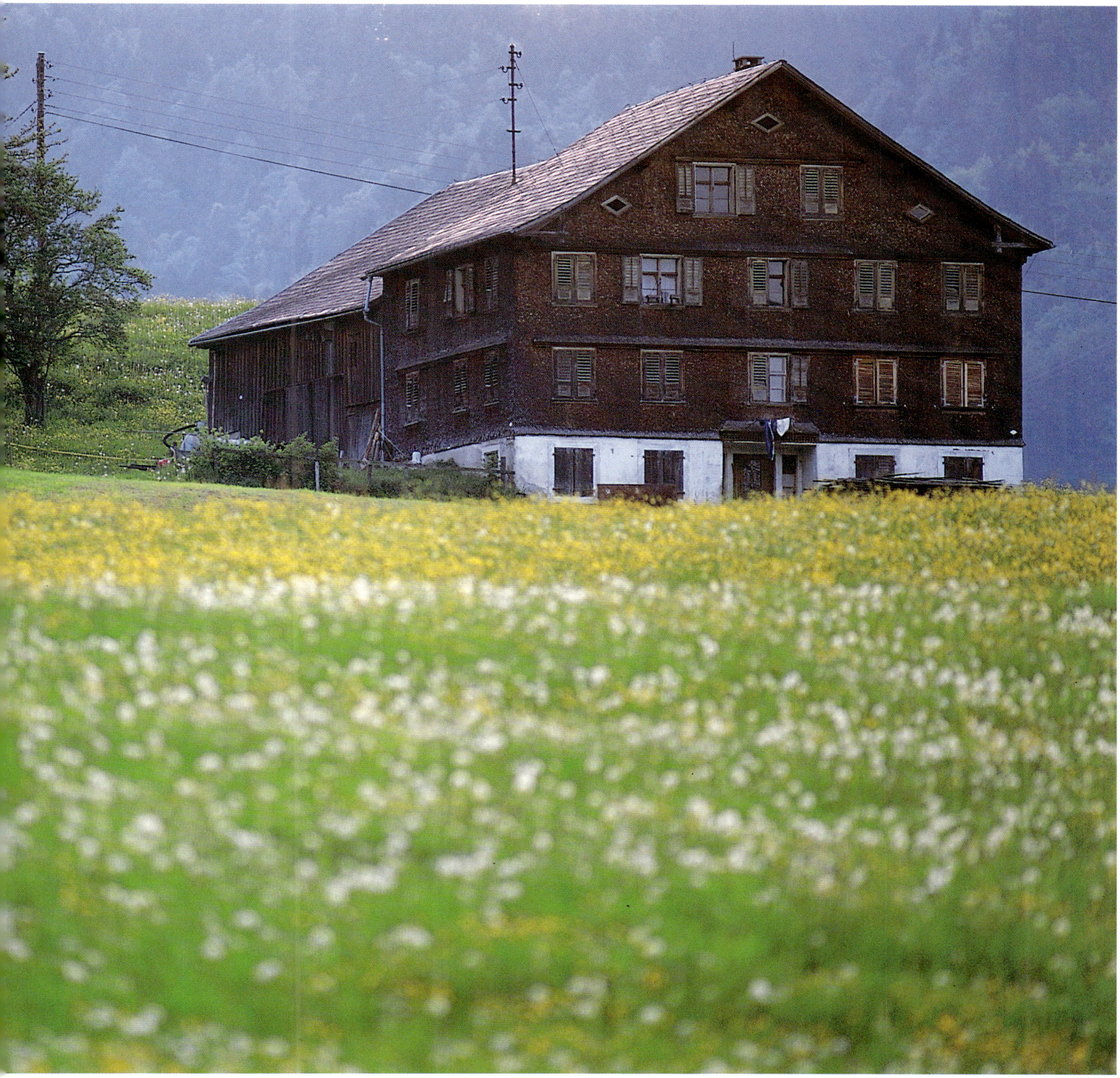

Im Baß des Musikanten spiegelt sich der weitbekannte Dorfplatz von Schwarzenberg, der Heimat der Künstlerin Angelika Kauffmann. Zur Fronleichnamsprozession im Frühjahr ist das Tragen der Wälder Tracht für die meisten Frauen noch eine Selbstverständlichkeit.

The Schwarzenberg musician's double bass conjures up an image of the well-known village where the artist Angelika Kauffmann lived. For most women it is still a matter of course to wear the Wald costumes in the Corpus Christi procession in spring.

Der Friedhof von Mittelberg. Im nahen Gotteshaus finden sich die ältesten
Zeugen der ersten Walserniederlassung.

The graveyard of Mittelberg. In the church nearby you can find the oldest
testimony of the first Valais settlement. The region of the Kleinwalsertal can only
be reached via Germany and is a popular recreation centre.

Heuarbeit im Kleinwalsertal. Bäuerinnen und Bauern sorgen in Vorarlberg nicht allein für naturnah produzierte Lebensmittel. Ihr oft harter Einsatz ist zudem Garant für die gepflegte Landschaft, das wichtigste Kapital für den Tourismus.

Haymaking in the Kleinwalsertal. In Vorarlberg, the farmers and their wives not only provide naturally produced goods, but their hard work generates a well managed landscape in this important centre for tourism.

Skitour. Das hat wenig zu tun mit Skitourist. Wer das Bergerlebnis im Winter sucht, darf sich nicht auf die Seilbahnen verlassen. An der Üntschenspitze, nahe der Zollgrenze zwischen dem Bregenzerwald und dem Kleinwalsertal, belohnen herrliche Hänge die Mühe des Aufstiegs.

Ski tour. Something not suitable for the occasional skier. There are no ski lifts for those who want to experience the mountains in winter. At the Üntschenspitze, near the customs border between the Bregenzerwald and the Kleinwalsertal, there are splendid slopes as a reward for making the difficult ascent.

Frühling im Kleinwalsertal. Noch liegen Schneefelder auf den Hängen Richtung Fellhorn und Kanzelwand, die Kirche der 200 Jahre alten Pfarre Hirschegg lädt zur stillen Einkehr.

Spring in the Kleinwalsertal. There is still snow on the slopes of the Fellhorn and the Kanzelwand. The church of the 200 year old parish of Hirschegg invites you to enjoy its quiet solitude.

Die versteckten Schönheiten der Vorarlberger Landschaft bleiben dem Massentourismus verwehrt. Den Kalbelesee im Hochtannberggebiet muß erwandern, wer diesen Blick auf den Biberkopf über der Grenze zu Tirol auf sich wirken lassen will.

The hidden beauties of the Vorarlberg landscape are not revealed to many tourists. You must hike around the Kalbelesee in the region of the Hochtannenberg, if you want to enjoy the view to the Biberkopf across the border to Tyrol.

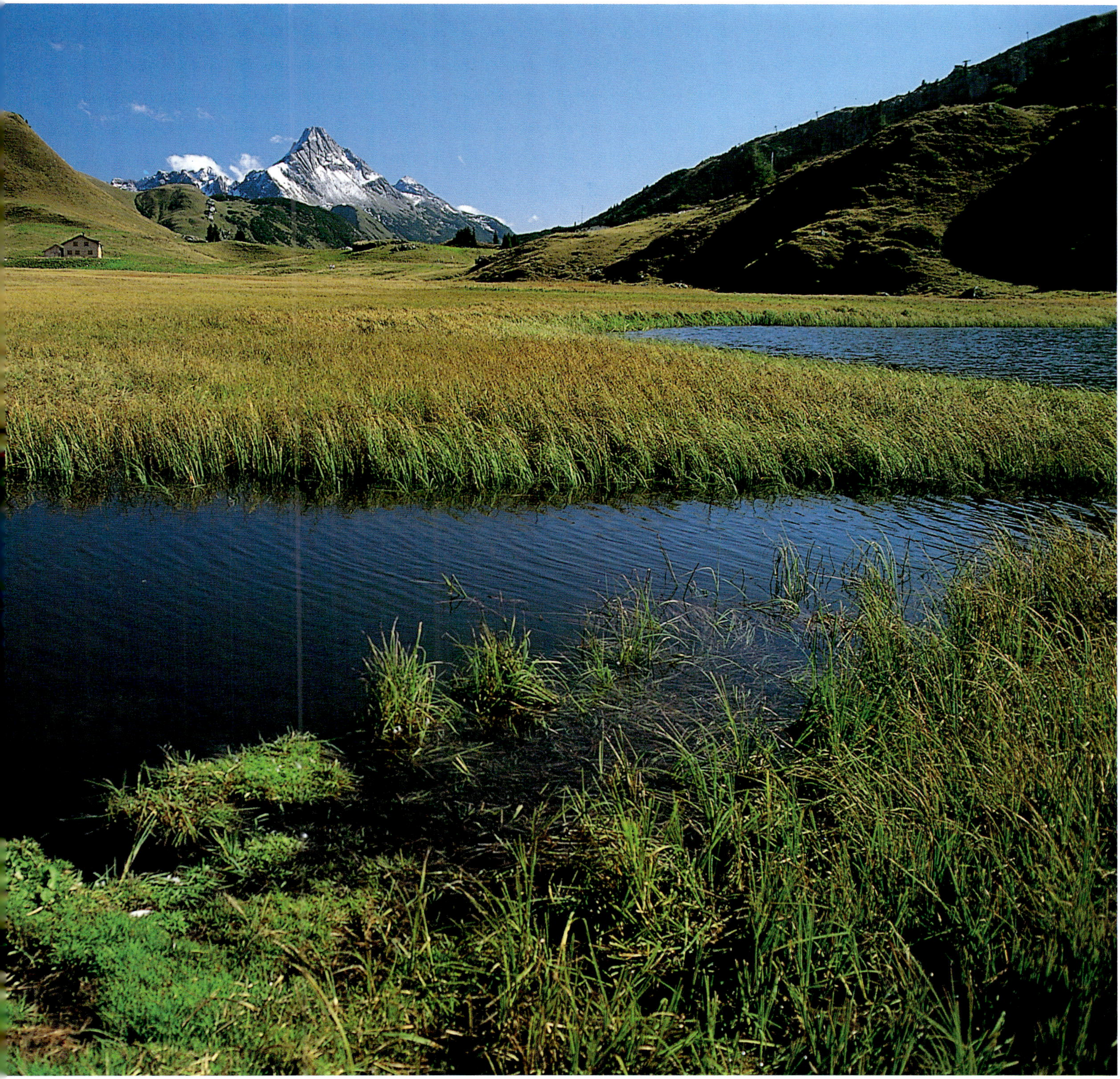

Einst Wehrkirche, heute Basilika und Ziel der Landeswallfahrten: Die Liebfrauenkirche in Rankweil. An den Hängen des Liebfrauenberges wird heute wieder wie in früheren Jahrhunderten Wein angebaut.

Once a fortified church, now a basilica and destination of the province's pilgrimaces: the Liebfrauenkirche in Rankweil. For many centuries people have cultrated grapes or the slopes of the Liebfrauenberg for wine making.

Der Rauhreif schafft aus kahlen Bäumen wahre Kunstwerke. Von Klaus im Rheintal geht der Blick Richtung Rankweil mit der markanten Liebfrauenkirche.

Frost turns leafless trees into veritable works of art. From Klaus in the Rhine Valley, the view extends towards Rankweil and its huge church Liebfrauenkirche.

Die Sonne setzt sich durch gegen die Schwaden des Morgennebels oberhalb von Götzis.

Above Götzig, the sun is fighting successfully against the morning mist.

Silbern markiert der Rhein die Grenze zwischen Vorarlberg und der Ostschweiz. Über dem Rheintal erhebt sich der Alpstein mit Säntis und Altmann. Unten die Schweizer Alviergruppe, links der Götzner Kapf, gesehen vom Breitenberg.

The Rhine is the silvery border between Vorarlberg and the eastern part of Switzerland. Above the Rhine Valley rises the Alpstein with Säntis and Altmann. Below, the Swiss Alviergruppe, seen from the Breitenberg, to the left the Götzner Kapf.

In der Winterkälte schroff und abweisend, gleichzeitig aber von faszinierender
Schönheit: Das Laternsertal.

Ragged and forbidding in the winter's cold, but at the same time, projecting
a haunting beauty: the Laternsertal.

Bergsteigerträume erfüllen sich: Vom Geren Falben im Bereich des Furkajochs tut sich der Blick auf zu den Riesen des Rätikon auf der gegenüber liegenden Seite des Walgau mit Zimba, Drei Türmen, Drusen- und Sulzfluh.

A mountaineer's dreams come true: From the Geren Falben in the region of the Furkajoch you can see the giants of the Rätikon on the opposite side of the Walgau with the Zimba, the Drei Türme ("Three Towers"), the Drusen- and the Sulzfluh.

Die Pracht der Schwertlilie, der Iris sibirica, verzaubert im Frühjahr die Riedwiesen.

In spring, the splendour of the iris sibirica casts a spell on the flowers in the reeds.

Uraltes Siedlungsgebiet ist der heutige Luftkurort Göfis, sonnenverwöhnt auf einem Hochplateau zwischen Rankweil und Feldkirch gelegen.

A popular resort with plenty of fresh, clean air, Göfis, used to be an ancient settlement. Spoilt by the sun, it is situated on a plateau between Rankweil and Feldkirch.

Hier ist das Mittelalter noch zu ahnen: Die Montfortstadt Feldkirch, hat sich einen prächtigen historischen Stadtkern erhalten. Wuchtige Zeugen der einstigen Befestigungsanlagen markieren noch die früheren Stadtgrenzen, und über der Stadt wacht die Schattenburg.

Here you can still feel the atmosphere of the Middle Ages: The Montfort town of Feldkirch, founded in the Middle Ages, has still preserved its magnificent historical town center. Huge remnants of the fortification from earlier times still mark the old town borders, and above the town, the Schattenburg keeps watch.

Einst versammelten sich in der Kapelle der „Stella matutina" in Feldkirch die Zöglinge der bekannten Jesuitenschule. Heute ist die Kapelle großartiger Konzertsaal des Landeskonservatoriums und einer der Aufführungsorte der Schubertiade, die international bekannte Künstler ins Land bringt.

Once, the pupils of the well-known Jesuit school came together in the chapel of "Stella matutina" in Feldkirch. Today, the chapel is a magnificent concert hall for the Vorarlberg Conservatory and one of the places where the Schubertiade is performed, attracting well known artitsts from all over the world.

Der Festsaal des Landeskonservatoriums in Feldkirch während eines Konzertes im Rahmen der Schubertiade. Sie führt zahlreiche Kunstfreunde aus aller Welt nach Vorarlberg.

The hall of the Vorarlberg Conservatory in Feldkirch during one of the concerts of the schubertiade, which attracts numerous art and music lovers to Vorarlberg from all over the world.

Trutzig reckt sich die Schattenburg über das Montfortstädtchen Feldkirch. Der mächtige Bergfried ist um 1200 errichtet worden. Heimatmuseum und Restaurant laden zum Besuch.

The Schattenburg towers protectively over the little Montfort town of Feldkirch. Its massive castle was built around 1200. A local museum and a restaurant are well worth a visit.

Ein Land zu Füßen. Von Gurtis, einer Parzelle der Walgaugemeinde Nenzing, schweift der Blick über Göfis und das Rheintal bis zum Bodensee.

A province at one's feet. From Gurtis, part of the Walgau community of Nenzing, the view stretches across Göfis and the Rhine Valley to Lake Constance.

Frastanz, einst das westlichste Tabakanbaugebiet der Österreichisch-Ungarischen Monarchie, ist die jüngste Marktgemeinde des Landes.

Frastanz, once the westernmost area suitable for cultivating tabacco for the Austrian-Hungarian monarchy, is Vorarlberg's youngest and smallest market town community.

Wenn der Herbst seine Farben über das Land tupft, strahlt es einen besonderen Reiz aus. Die Zimba (2643 m) im Rätikon und der Walgau von Dünserberg aus – ein ganzes Land zelebriert den prachtvollen Rückzug der Natur.

Bathed in autumnal colours, the province has a very special attraction. The Zimba peak (2643 m) in the Rätikon and the Walgau, as seen from Dünserberg. A whole province celebrates nature's splendid retreat for the winter.

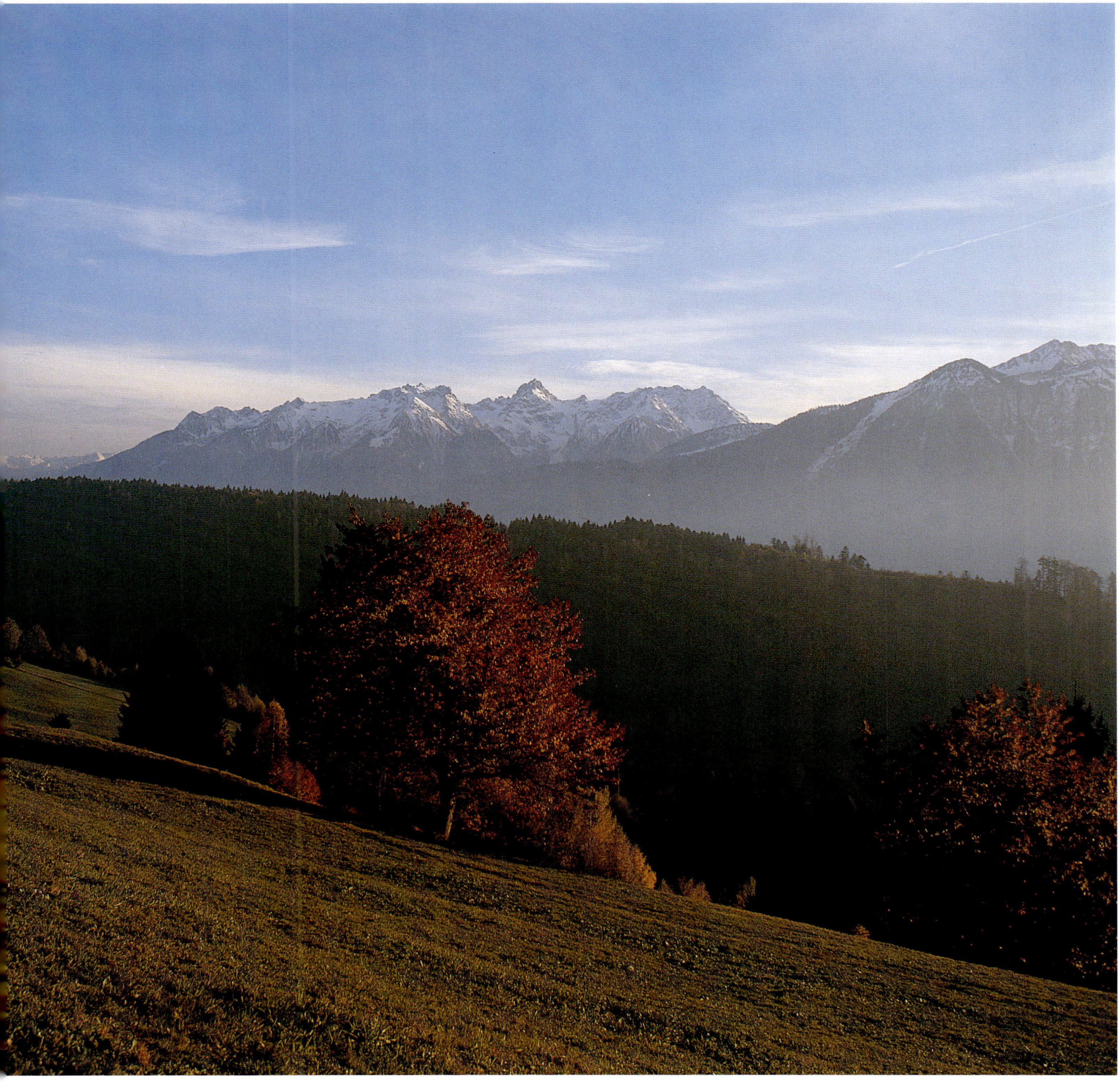

„Pulverschnee und Gipfelwind unsre Kameraden sind." Braunarlspitze und Zitterklapfen im Großen Walsertal.

"Powdery snow and the wind blowing around the mountain peak are our companions". The Braunarlspitze and the Zitterklapfen in the Großes Walsertal.

Die Rote Wand überragt das Große Walsertal. Hier ist noch
„sanfter Tourismus" angesagt, große Urlauberscharen bleiben aus.

Here, there is still only small scale tourism and huge herdes of tourists
are nowhere to be seen.

Labsal für Seele und Körper vermag die Propstei St. Gerold im Großen Walsertal zu bieten. Adam von Sax, als Konventsbruder Gerold genannt, lebte hier ab etwa 949. Er vermachte die Güter dem Kloster Einsiedeln, von dem in der Folge die Propstei errichtet wurde. Nach wie vor ist das berühmte Schweizer Kloster zuständig für St. Gerold. Die Propstei wurde nicht nur beliebtes Ausflugsziel, sondern auch Hort unterschiedlicher kultureller und religiöser Angebote.

The provostery St. Gerold in the Großwalsertal offers refreshment for both body and soul. Adam von Sax, known as Gerold in the convent, lived here from around 949 onwards. He bequeathed the property to the Monastery of Einsiedeln, the people from the monastery later built the provostery. The Swiss monastery is still responsible for the St. Gerold provostery. It has not only become a popular site worth visiting, but also a place offering different cultures and religions.

Unübersehbar ist auch im Großen Walsertal die unersetzbare Arbeit der Bergbauern. Ihr Einsatz bürgt den Menschen der Talschaft für Sicherheit. Er erhält den Saum aus gepflegten Wiesen, Alpen und Wäldern um Dörfer wie Raggal. Die alte Walsersiedlung gegenüber von St. Gerold liegt hoch über dem aufgestauten Lutzbach am Fuß des Hohen Fraßen.

In the Großes Walsertal one cannot help but notice the mountain farmers' invaluable work. Due to their efforts, the people in the valleys are safe. The farmers preserve the belt of cultivated meadows, alps and forests around villages like Raggal. The old Valais settlement opposite St. Gerold is situated at the foot of the Hoher Fraßen, high above the river Lutzbach, which is also used as a reservoir.

Auf einem Felsriegel über der Stadt erbaut, dominieren die Kirche zum hl. Laurentius sowie das Barockschloß Gayenhofen das Walgaustädtchen Bludenz. Ein Erlebnis ist der Bummel durch den mittelalterlichen Stadtkern.

Built on a huge rock above the town, the church of Saint Laurentius and the baroque castle of Gayenhofen dominate the little Walgau town of Bludenz. Strolling through the medieval town centre is quite an experience.

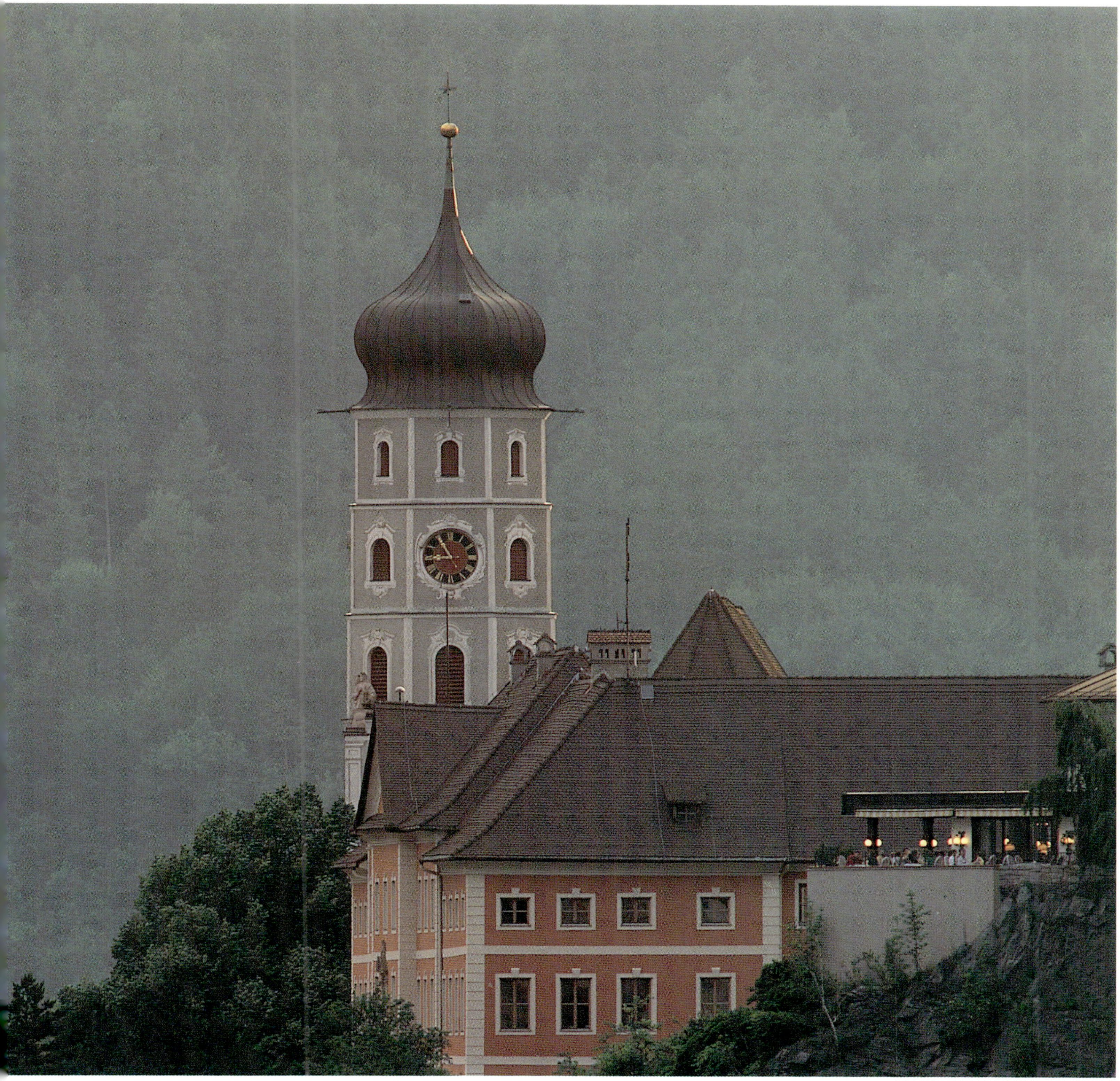

Eindrucksvolles Beispiel Vorarlberger Wirtschaftskraft und zugleich Naturschauspiel – der Lünersee. Seit 1958 staut eine Mauer den urspünglich größten natürlichen See der Ostalpen um 27 Meter auf. Er ist einer der Hauptspeicher zur Stromerzeugung in Vorarlberg.

The Lünersee – an impressive example of Vorarlberg's economic strength, and a natural spectacle at the same time. Since 1958, a dam has increased the water level in the lake 27 by metres. It once was the greatest natural lake in the eastern Alps and is now one of the main reservoirs, used for power production in Vorarlberg.

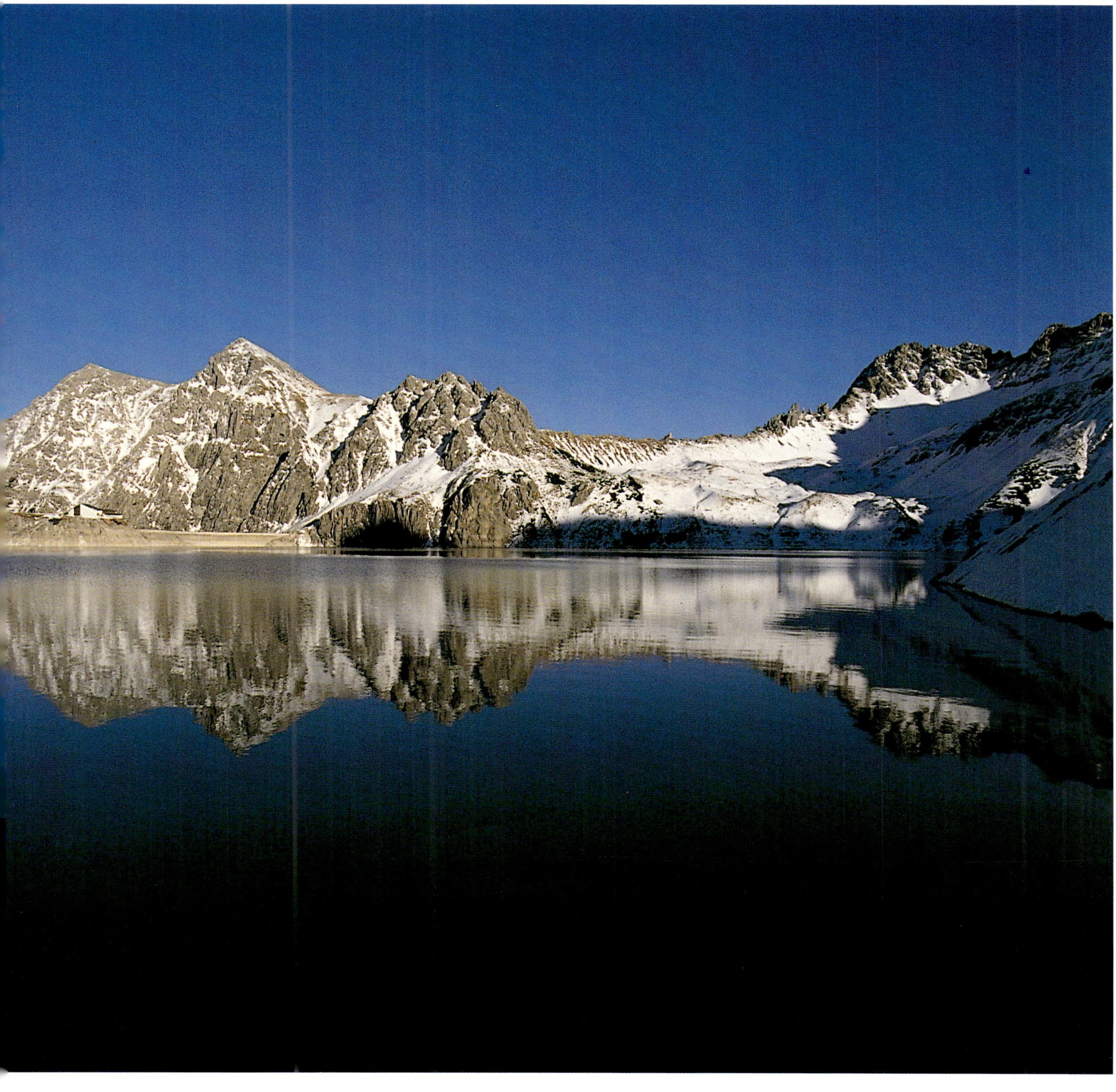

Überleben in karger Bergwelt: Gemsen sichern am „Gelben Eck" im Gebiet der Lindauer Hütte am Fuß der Drei Türme.

Survival in the barren mountains: chamois at the "Gelbes Eck" ("Yellow Corner") in the region of the Lindauer Hütte at the foot of the Drei Türme ("Three Towers").

Belohnung für den Gipfelsieg ist der Blick vom großen (2830 m) auf den mittleren und den kleinen Turm – eine Sicht, die nur dem Bergsteiger vorbehalten ist.

The view from the big Tower (2830 m) to the medium and little tower is the reward for having climbed the top.

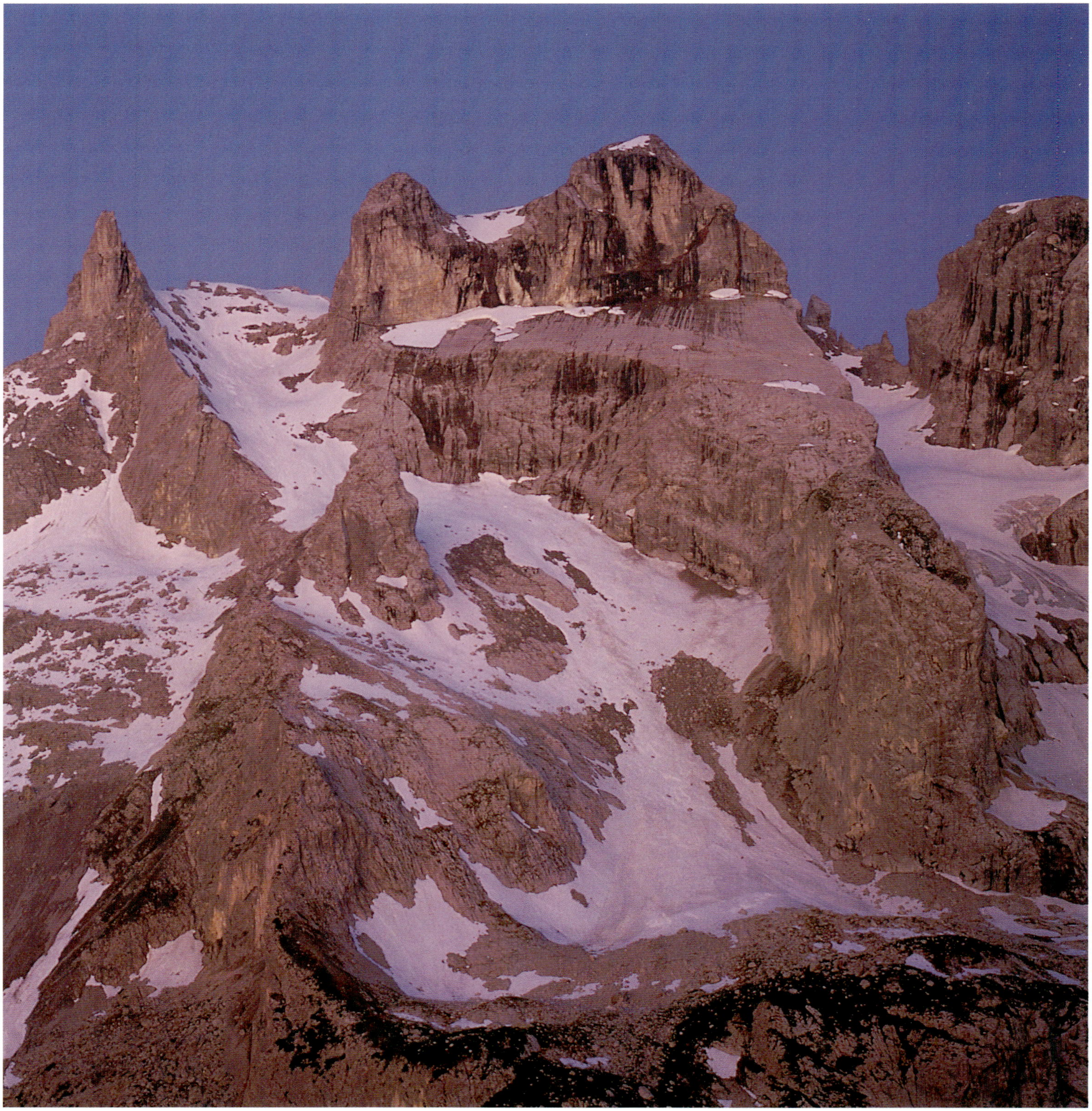

Einem turmbewehrten Dom gleich ragen die Drei Türme im Rätikongebiet/Montafon, Ziel zahlreicher Alpinisten. Sie bieten erfahrenen Kletterern eine unendliche Fülle an Aufstiegsmöglichkeiten.

The Drei Türme in the Rätikon/Montafon, destination of numerous alpinists, look like a cathedral with towers. Experienced climbers will find countless different ways of climbing the mountain.

Neben dem Klettern im Gebirge hat sich in den letzten Jahren auch immer mehr das Sportklettern durchgesetzt. Marksteine legte dabei sicher Beat Kammerlander, der schon 1985 die erste Route im 10. Schwierigkeitsgrad am Lorünser Wändle erstbeging. Auch die Jugend ist verstärkt in den verschiedenen Vorarlberger Klettergärten anzutreffen. Besonderer Beliebtheit erfreuen sich die Löwenzähne oberhalb von Hohenems, wo man besonders in Spätherbsttagen oberhalb der Nebelgrenze klettern kann.

Besides mountaineering, sports climbing grown in poputarity over the past few years. Beat Kammerlander was one of the pioneers of this sport; and as early as 1985, he made the difficult first ascent of the Lorünser Wändle. Now more and more young people are beginning to enjoy climbing. Especially popular are the dandelions growing above Hohenems, where, particularly in late autumn, you can climb high enough to leave the mist below you.

Anno 1871 zählte Gargellen im Montafon gerade noch fünf Seelen. Um die Jahrhundertwende ging es dank des aufblühenden Fremdenverkehrs wieder aufwärts. Das Gotteshaus, 1644 erbaut, wurde 1792 erneuert. Die erste Kapelle hatten Schweizer Nachbarn aus dem Prätigau bei einem Angriff anno 1622 zerstört.

In 1871, only five inhabitants were left in Gargellen in the Montafon. At the turn of the century, the situation improved as tourism flourished. The church, built in 1644, was renovated in 1792. Swiss neighbours from Prätigau destroyed the first chapel in an attack in 1622.

Dahinter ist wohlige Geborgenheit daheim: Ein altes Montafoner Bauernhaus im Winter. In den Gemeinden des Tales haben sich noch alte Bauformen erhalten, obwohl inzwischen natürlich längst moderne Bauten überwiegen.

Behind, there is cosy comfort: an old Montafon farmhouse in winter. In the valley's communities, old building forms could be maintained, although meanwhile, of course, modern buildings predominate.

Ein besonders markantes Gotteshaus im Montafon ist die Pfarrkirche Mariä Geburt in Tschagguns. Der ursprünglich gotische Bau wurde im 18. und 19. Jahrhundert erweitert.

The parish church of Mariä Geburt in Tschagguns is an especially striking church. Originally late Gothic, it was expanded in the 18th and 19th century.

In ein ganz besonderes Licht – nämlich das der Autoscheinwerfer – stellte der Fotograf die Kapelle „Maria Schnee" in Gaschurn. Das Kirchlein hat Hauptmann Lukas Tschofen 1637 erbauen lassen, nachdem er mit reicher Beute aus dem Dreißigjährigen Krieg heimgekehrt war.

The photographer put the chapel "Maria Schnee" in Geschurn in a very special light - namely in a car's headlights. In 1637, Captain Lukas Tschofen had this little church built after having returned with raids from the Thirty Years' War.

Ausblick zum Dach von Vorarlberg, dem Piz Buin, der mit 3312 m höchsten Erhebung des Landes. Hier deckt ewiges Eis den Fels und speist rauschende Wildbäche. In diesem Bereich liegt der Vermuntpaß, uralter Saumpfad ins schweizerische Engadin.

A view of Vorarlberg's roof, the Piz Buin, at 3312 m it is the province's highest peak. Here, ice covers the rocks which meets to feed the fast flowing mountain streams. In this region, you can find the Vermunt pass, an ancient mule track into the Swiss Engadin.

Wie ein Smaragd schmiegt sich der Spullersee im Klostertal an die Hänge des Schafberges. Von Dalaas aus führt der Weg zu diesem Ausflugsziel, dessen aufgestautes Wasser zudem der Erzeugung elektrischer Energie dient.

Like an emerald, the Spullersee in the Klostertal nestles against the slopes of the Schafberg. You can reach this destination starting from Dalaas. The water stored in the reservoir provides hydroelectric power.

Wie in sämtlichen Bergregionen des Landes sorgen auch im Klostertal nach wie vor Bauern dafür, daß die Landschaft gepflegt wird. Ihre Arbeit ist Voraussetzung dafür, die oft extrem gelegenen Bauten vor den Gewalten der Natur zu schützen.

As in all the other mountainous regions of Vorarlberg, in the Klostertal, too, farmers still manage the landscape. Their work protects their farms, which are often situated in very extreme areas against the powerfull elements of nature.

Hoch am Hang wacht die Pfarrkirche von Dalaas über die Arlbergstraße. Hier bestand einst eine wichtige Station für die Reisenden, die nach Tirol weiterreisten oder gerade den Arlbergpaß mühsam überwunden hatten.

High up on the slope, the parish church of Dalaas guards the Arlbergstraße. This was once an important resting place for travellers who had made the arduons climb over the Arlberg pass or for those travelling on to the Tyrol.

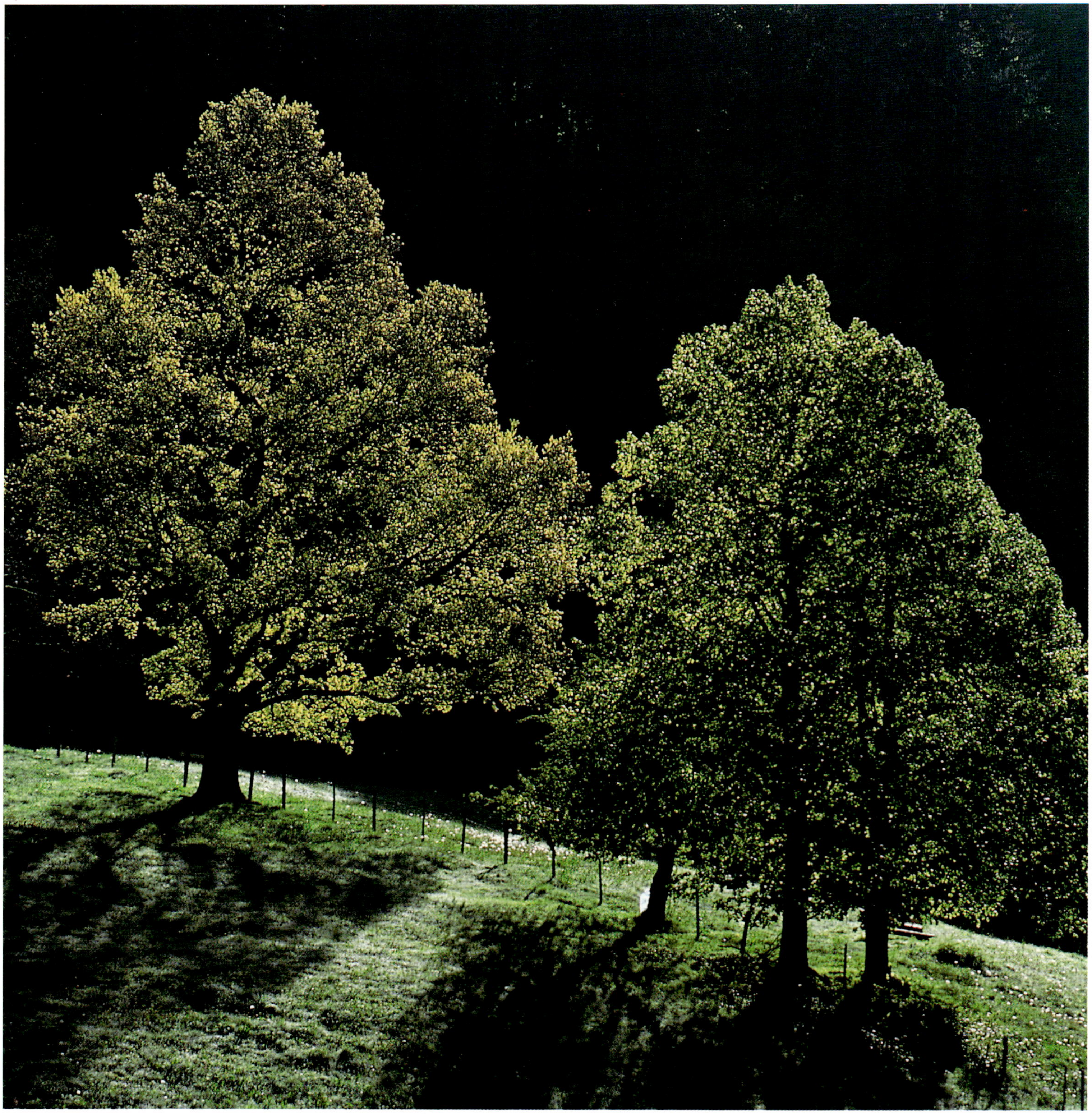

Oft ist er rauh noch, der Winter in den höher gelegenen Tälern.
Und es dauert dort etwas länger, bis der Frühling
sich durchzusetzen vermag. Wenn allerdings im Montafon Wiesen und Bäume
zu grünen und zu blühen beginnen, liegt ein ganz besonderer Duft
über dem Tal.

Even today, winter is often severe in the higher regions in the valleys.
And it takes a bit longer for the spring to come through.
But when meadows and trees turn green and blossom in the Montafon,
the Valley is filled with a very
special fragrance.

Wer sich früh genug auf den Weg macht, von Lech aus die Hänge des Hochtannberg zu erwandern, dem tun sich blumenübersäte Hänge und machtvolle Spitzen in diesem Licht auf. Längst hat der weltbekannte Wintersportort auch im Sommer zahlreiche Freunde gefunden.

Those who start early enough to hike from Lech across the slopes of the Hochtannberg, will find slopes covered with flowers and towering peaks. But for some time now this famous winter sports resort has had many visitors in summer, too.

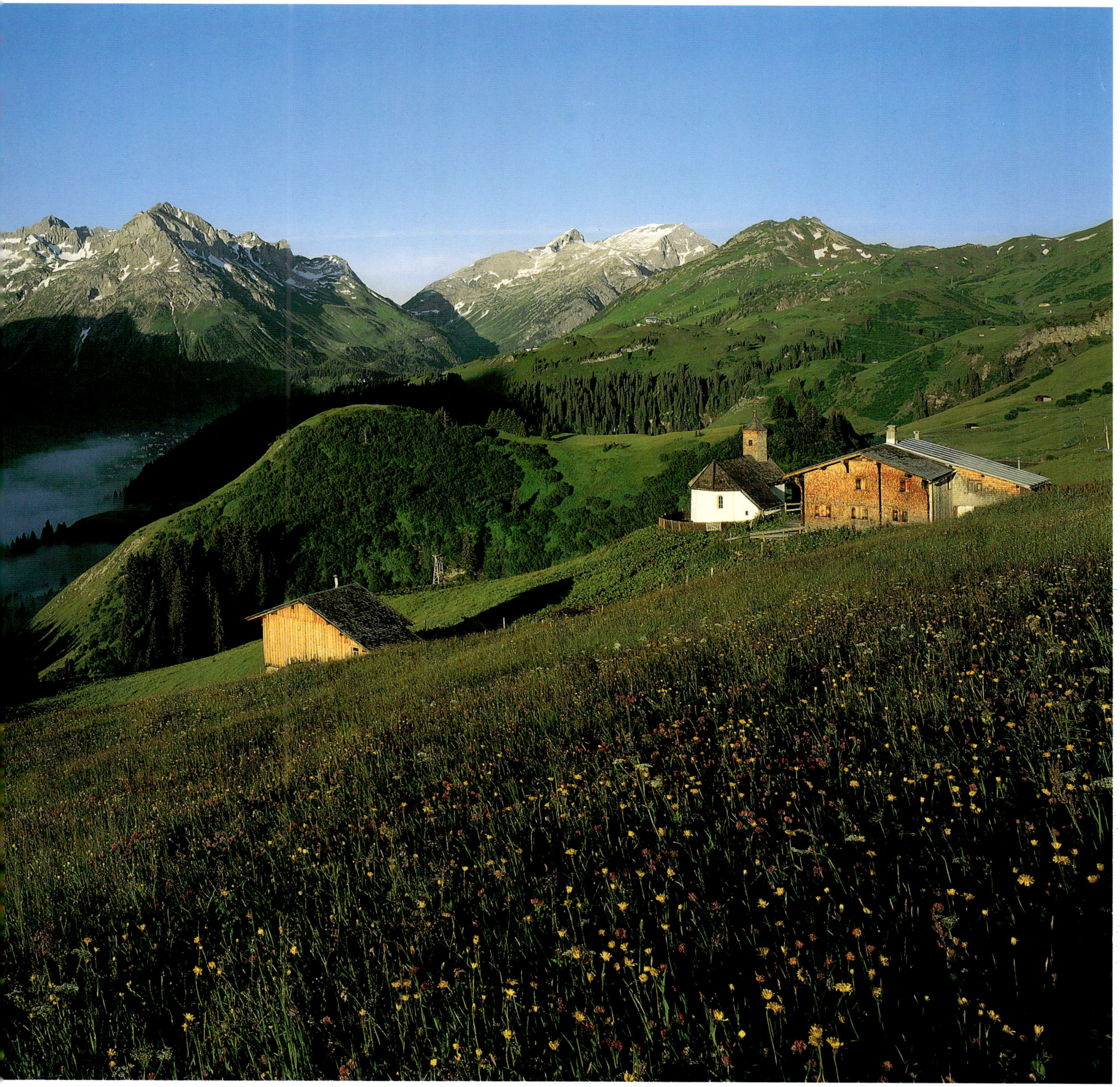

Nicht überall vermochten die Menschen den Unbilden der Natur zu trotzen. Bürstegg, unter dem Karhorn im Gemeindegebiet Lech gelegen, war bis vor 100 Jahren von Walser Siedlern bewohnt. Inzwischen gibt es hier nur im Sommer Alpwirtschaft.

Not everywhere could man defy nature. Until 100 years ago, Bürstegg at the Karhorn in the Lech community had been inhabited by Valais settlers. Now, the area is only inhabited during the Summer.

Die Alpen, auf denen nach wie vor viele Bauern im Land ihr Vieh sömmern, sind eine Säule der Voralberger Landwirtschaft. In diesen Höhen – hier bei Bürstegg – findet das Vieh für einige Wochen Futter, damit im Talgrund das Heu für die Wintervorräte eingebracht werden kann.

The Alps, where many farmers still put their cattle out to pasture during the summer, are a pillar of Vorarlberg agriculture. Up there - near Bürstegg - the cattle will find fodder for some weeks, so that down in the valley, hay can be brought in for winter stocks.

Vorarlberg, ein Wintertraum. Die Talschaften des Landes bieten uns eine Vielfalt an bestens präparierten Pisten und Loipen, die allen Wünschen gerecht werden. Zudem bleibt Raum für jene, die sich den Pioniergeist der Väter des Skilaufs erhalten haben. Unberührte Hänge tun sich dem auf, der sich die einsamen Gipfel als Tourengeher erobert.

Vorarlberg, a winter dream. The province's valleys offer a diversity of excellently prepared pistes and cross-country ski runs, which will meet all expectations. Moreover, there is room left for all those who have kept the pioneering spirit of the first skiers. There are untouched slopes for those who are willing to make the trek.

Den Augenblick abwarten können, da die Abendsonne alle Umgebung in ein Licht taucht, das andächtig innehalten läßt. Dann prägt sich uns die Roggspitze, vom Trittkopf bei Zürs aus gesehen, so ein.

Just wait for the moment when the evening sun bathes the surroundings in a light that makes you stop in reverence. Then you will remember the view of the Roggspitze mountain, as seen from the Trittkopf near Zürs.

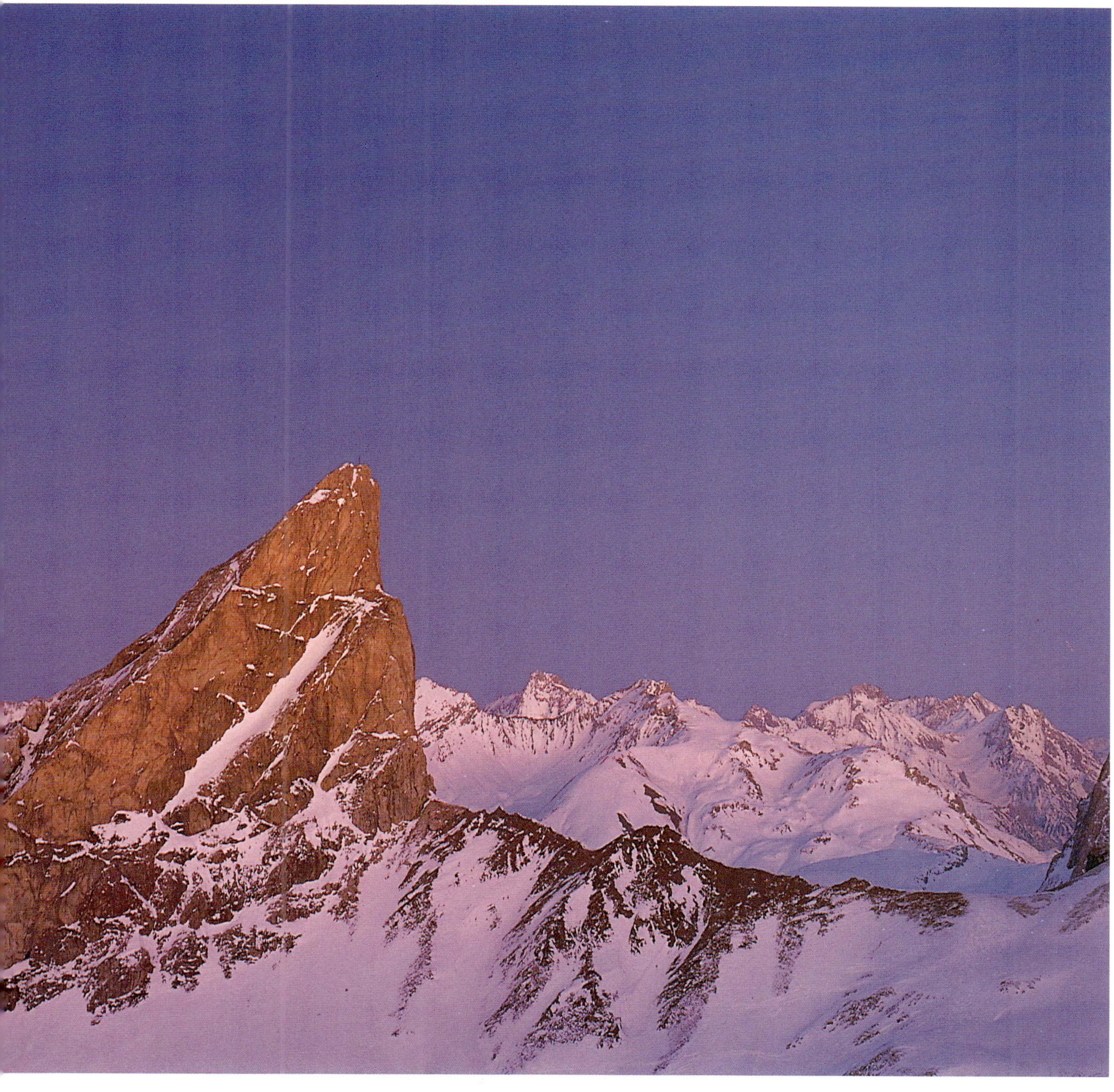

Epilog

Ein Vorarlberg-Buch und keine Zeile über das berühmte Montafoner Braunvieh? Die Stickereigeschichte ist auch sträflich vernachlässigt, und der Bericht über die freien Bauernrepubliken im Bregenzerwald fehlt ebenfalls. Daß Vorarlberg während der letzten Jahre die meisten Siegerinnen beim Bewerb der Miß Austria gestellt hat, wäre wohl eine Erwähnung wert gewesen. Oder die Dornbirner Messe, die vielen Zeltfeste und, und, und …

Nur: Was würde dann in künftigen Werken zum Thema Vorarlberg noch zu bewundern und zu lesen sein? Lassen Sie unsere Auswahl für sich wirken und gehen Sie selbst auf Entdeckungsreise in Österreichs westlichstem Bundesland.

Peter Mathis – Alfons J. Kopf

Epilogue

A book about Vorarlberg and not a single line about the famous Montafon cattle? The history of embroidery has also been criminally neglected, and the report on the independent farmers' republics in the Bregenzerwald is also missing. The fact that during the last few years Vorarlberg has accounted for most of the winners in the Miss Austria Competition should have been worth mentioning. And what about the Dornbirn fair, the numerous tent parties, and, and, and …

However: What would then be left to admire and to read in future books on the topic Vorarlberg? Enjoy our selection and look forward to future books with illustrations of Austria's smallest province.

Peter Mathis – Alfons J. Kopf